MUJERES EN LA TRADICIÓN VÉDICA

Roles, Sabiduría y Espiritualidad

SUKRITI BOOK

CONTENTS

INTRODUCCIÓN

*El lugar de las mujeres en
la cultura védica*

En la antigua tradición védica, las mujeres ocupaban un lugar significativo tanto en el ámbito religioso como en el social. A pesar de que las representaciones del rol femenino en los Vedas y otros textos relacionados a menudo han sido vistas desde una perspectiva patriarcal, un análisis más profundo revela que las mujeres tenían una presencia activa y fundamental en los aspectos más sagrados y rituales de la vida védica. Las mujeres no eran solo figuras subordinadas; muchas de ellas eran sabias, poetas, maestras espirituales y participantes clave en los ritos más importantes de la sociedad védica.

Uno de los aspectos más fascinantes del papel de las mujeres en la cultura védica es su presencia en el ámbito espiritual como **rishikas** (sabias védicas) y participantes en los **yajñas** (sacrificios). Estas mujeres no solo estaban involucradas en los rituales, sino que algunas de ellas fueron autoras de himnos védicos. Esto sugiere que las mujeres eran reconocidas como poseedoras de sabiduría y poder espiritual, y que sus voces fueron escuchadas y registradas en los textos más sagrados de la civilización védica. La importancia de estas mujeres no se limitaba a su participación en los rituales domésticos, sino que también tenían una presencia activa en la vida espiritual y filosófica de la sociedad.

Las diosas védicas también representan el poder y la influencia femenina en el cosmos. **Sarasvati**, la diosa del conocimiento y la creatividad, y **Ushas**, la diosa del amanecer, son figuras poderosas que encarnan cualidades esenciales para el orden cósmico y social. Estas deidades no solo son adoradas por sus aspectos divinos, sino que también reflejan los ideales de las mujeres en la sociedad védica, donde la sabiduría, la maternidad, y la creatividad eran altamente valoradas.

Es importante entender que el rol de las mujeres en la sociedad védica no estaba limitado a la esfera doméstica. Si bien las mujeres cumplían roles tradicionales como esposas y madres, también tenían una presencia destacada en los **rituales** y en la preservación del **dharma** (orden moral). El dharma de las mujeres, aunque a menudo centrado en el hogar, incluía la participación en los rituales familiares y comunitarios, y sus contribuciones eran esenciales para el bienestar espiritual y social de la comunidad.

Fuentes textuales: Los Vedas y la presencia femenina

Los **Vedas**, que son los textos más antiguos y sagrados de la tradición hindú, constituyen la base principal para comprender la cultura y espiritualidad védica, y en ellos se encuentra una rica presencia femenina, tanto en figuras divinas como en mujeres sabias y poetas. Divididos en cuatro grandes colecciones—**Rig Veda**, **Sama Veda**, **Yajur Veda**, y **Atharva Veda**—estos textos contienen himnos, rituales, y oraciones que revelan el complejo entramado de roles que desempeñaban las mujeres en la religión y la sociedad de aquella época.

El **Rig Veda**, en particular, es una fuente primordial para estudiar la representación femenina en la tradición védica. Este texto incluye referencias a varias **rishikas**, o mujeres sabias, que componían himnos y participaban activamente en el desarrollo espiritual y ritual. Algunas de estas figuras femeninas son reconocidas por su profundo conocimiento y capacidad para componer poesía sagrada. **Lopamudra**, una de las sabias védicas más destacadas, aparece en diálogos filosóficos y reflexiones sobre la vida y la espiritualidad, lo que demuestra que las mujeres no solo participaban en los rituales, sino que también contribuían al pensamiento filosófico.

Otro aspecto importante que emerge de los Vedas es la mención de poderosas deidades femeninas, como **Sarasvati** y **Ushas**. **Sarasvati**, deidad del conocimiento, la sabiduría y las artes, aparece en muchos himnos del Rig Veda, donde se la invoca para obtener claridad mental y éxito en los sacrificios. **Ushas**, la diosa del amanecer, es otro ejemplo significativo, simbolizando la renovación y el despertar de la vida. Estas diosas no son meras figuras mitológicas, sino que personifican principios cósmicos fundamentales, conectando el poder femenino con el orden y la armonía del universo.

Además de las diosas y las sabias, los Vedas documentan el papel crucial de las mujeres en los **rituales de sacrificio**. Si bien los yajñas a menudo eran presididos por sacerdotes masculinos, las esposas de los hombres que realizaban el sacrificio tenían un rol esencial, sin cuya participación el ritual no se consideraba completo. Este es un ejemplo claro de cómo las mujeres contribuían activamente a la vida religiosa, ya que su participación en los rituales era vista como vital para la preservación del **rta**, el orden cósmico.

Por otra parte, los **Upanishads**, que son textos filosóficos posteriores asociados con los Vedas, también mencionan figuras femeninas en el contexto del conocimiento espiritual. Aunque estos textos son más abstractos y metafísicos, se pueden encontrar ejemplos de mujeres que participaban en debates y diálogos sobre la naturaleza de la realidad, el alma, y el cosmos. En algunos casos, se menciona a mujeres como guardianas de un saber esotérico, lo que refuerza la idea de que las mujeres eran consideradas depositarias de la sabiduría en la tradición védica.

Así, los Vedas y los textos védicos posteriores no solo revelan una tradición rica en simbolismo femenino, sino que también muestran cómo las mujeres participaron activamente en la vida religiosa y filosófica. Estos textos serán una fuente clave para el análisis en este libro, permitiendo una exploración detallada del lugar de las mujeres en la espiritualidad védica y su legado en la India moderna.

Propósito y estructura del libro

El propósito de este libro es ofrecer una exploración profunda y accesible sobre el **rol de las mujeres en la tradición védica**, abarcando tanto su participación en los rituales como su representación en los textos sagrados. A lo largo de los Vedas y otros textos asociados, las mujeres han desempeñado papeles diversos y significativos, desde diosas poderosas como **Sarasvati** y **Ushas** hasta **rishikas** (sabias) que contribuían con himnos y filosofía. Este análisis busca resaltar su influencia y el impacto duradero que han tenido en la espiritualidad y la sociedad de la India, además de cómo estos roles han sido reinterpretados y adaptados en tiempos modernos.

La estructura del libro sigue un enfoque temático, permitiendo al lector sumergirse en cada aspecto del rol femenino en la tradición védica. El **Capítulo 1** examina las **diosas védicas**, analizando cómo figuras como Sarasvati, Aditi, y Ushas representan principios cósmicos y espirituales fundamentales. Este capítulo también aborda cómo estas deidades simbolizan cualidades asociadas a la sabiduría, la creación, y la renovación, mostrando que el poder femenino estaba vinculado con la sustentación del orden cósmico.

El **Capítulo 2** se enfoca en las **rishikas** o mujeres sabias que, como **Lopamudra** y **Ghosha**, no solo participaron activamente en los rituales, sino que también fueron autoras de himnos védicos. Se analiza su contribución como poetas y pensadoras, así como su influencia en el desarrollo del pensamiento védico. Este capítulo busca mostrar que las mujeres no eran figuras pasivas, sino protagonistas en la creación y preservación de la sabiduría espiritual.

En el **Capítulo 3**, el libro explora la **participación de las mujeres en los sacrificios védicos** y su papel en los rituales familiares. Las mujeres tenían una función crucial en los yajñas, y su presencia era necesaria para que los sacrificios fueran completos y efectivos. Este capítulo también examina cómo los textos védicos prescribían roles específicos para las esposas en los ritos, mostrando que el poder ritual femenino estaba profundamente entrelazado con la vida religiosa védica.

El **Capítulo 4** trata sobre la **maternidad y la fertilidad**, explorando cómo el simbolismo de la maternidad estaba presente tanto en las diosas védicas, como **Aditi** y **Prithvi**, como en los rituales dedicados a la fertilidad y la continuidad de la vida. La maternidad no solo era vista como una función biológica, sino como un poder divino que aseguraba la prosperidad y el equilibrio cósmico.

El **Capítulo 5** analiza la **reinterpretación moderna** de las figuras femeninas védicas, observando cómo las diosas y las sabias han sido redescubiertas y reinterpretadas en el hinduismo contemporáneo. También se aborda el papel de las mujeres en los movimientos religiosos actuales y cómo la espiritualidad femenina sigue influyendo en la vida de las devotas hindúes.

El **Capítulo 6** ofrece una reflexión sobre la **evolución del rol de la mujer** desde los tiempos védicos hasta el periodo post-védico, considerando cómo las leyes y las normas sociales han afectado su estatus y participación en la religión y la sociedad.

Finalmente, la **conclusión** retoma los temas principales y subraya la importancia de comprender el legado espiritual de las mujeres en la tradición védica, no solo en el contexto histórico, sino como una fuente de inspiración y fortaleza en el presente. Los **apéndices** proporcionan herramientas adicionales para el lector, incluyendo un glosario de términos sánscritos, textos de referencia védicos relacionados con las mujeres, y una bibliografía con fuentes para aquellos que deseen profundizar en el estudio.

A través de esta estructura, el libro busca no solo arrojar luz sobre la rica y multifacética participación de las mujeres en la tradición védica, sino también ofrecer una reflexión sobre cómo su legado sigue vivo y relevante en el mundo moderno.

CAPÍTULO 1: DIOSAS VÉDICAS: REPRESENTACIONES DEL PODER FEMENINO

Sarasvati: Diosa del conocimiento, la sabiduría y la creatividad

Sarasvati es una de las diosas más veneradas en la tradición védica, y su importancia se ha mantenido a lo largo de la historia hasta convertirse en una de las figuras centrales en el hinduismo moderno. En los Vedas, especialmente en el Rig Veda, Sarasvati aparece como la diosa del conocimiento, la sabiduría y la creatividad, asociada tanto con la palabra sagrada como con el flujo de los ríos. Su nombre, derivado de la raíz sánscrita "saras" (flujo), refleja su carácter fluido y transformador, que se manifiesta en el ámbito del conocimiento y las artes.

En los primeros himnos del Rig Veda, Sarasvati es invocada como una diosa poderosa, capaz de otorgar claridad mental y guía espiritual. Su asociación con el conocimiento la convierte en la protectora de los poetas, sabios y sacerdotes que dependían de su favor para realizar los **yajñas** (sacrificios) y preservar la tradición oral. De hecho, Sarasvati no solo es vista como la fuente del conocimiento humano, sino también como la personificación de la **palabra sagrada** (**vak**), que es esencial para la transmisión de los himnos védicos y los rituales que mantienen el **rta** (orden cósmico).

Sarasvati también está vinculada con el **río Sarasvati**, una de las antiguas corrientes fluviales sagradas de la India. En los Vedas, el río Sarasvati es descrito como majestuoso y sagrado, capaz de nutrir la tierra y sustentar a las comunidades que vivían a lo largo de sus orillas. Este aspecto fluido de Sarasvati como deidad del río subraya su papel como dadora de vida, tanto en el plano físico, al proporcionar agua, como en el plano espiritual, al conceder el conocimiento que ilumina la mente.

La transformación de Sarasvati a lo largo del tiempo refleja su relevancia continua en la cultura india. En la **época post-védica**, su imagen se consolidó como la diosa de las **artes** y las **ciencias**, representada con su icónico **vina** (un instrumento musical), que simboliza la armonía del conocimiento y la creatividad. Sarasvati también es representada con un libro y un rosario, que refuerzan su papel como portadora del conocimiento académico y espiritual. Como diosa de la sabiduría, es adorada en festividades como **Vasant Panchami**, donde se celebra el poder del aprendizaje y la inspiración artística, mostrando su relevancia tanto en el ámbito educativo como en el espiritual.

El culto a Sarasvati no se limita a los rituales formales. En la vida diaria, estudiantes y artistas le rinden homenaje, buscando su bendición antes de exámenes o actuaciones importantes, lo que demuestra su continua influencia como diosa protectora del conocimiento y la creatividad.

En resumen, **Sarasvati** en la tradición védica y su evolución posterior es una figura central que encarna los principios del **conocimiento**, la **creatividad**, y la **sabiduría**. Como guardiana de la palabra sagrada, sostiene la preservación del saber, mientras que su naturaleza fluida refleja su capacidad para transformar y nutrir tanto el intelecto como el espíritu.

Ushas: Diosa del amanecer y la renovación cósmica

Ushas, la diosa del amanecer, es una de las figuras más antiguas y veneradas en la tradición védica. Su presencia se celebra ampliamente en el **Rig Veda**, donde se le dedican numerosos himnos que exaltan su belleza y poder como la portadora de la luz y la renovadora del ciclo cósmico. **Ushas** es vista no solo como la personificación del amanecer físico, sino también como un símbolo del **despertar espiritual** y de la renovación constante de la vida.

El amanecer es un evento cósmico clave en la cosmología védica, y Ushas, como su diosa, tiene el poder de **disipar la oscuridad** y traer la luz de un nuevo día. En los himnos védicos, se la describe con imágenes llenas de luz, brillantez y esplendor, "vestida de luz", mientras despierta a toda la creación. Se dice que cuando Ushas aparece, todo lo que estaba dormido en la oscuridad cobra vida nuevamente: los humanos, los animales y las plantas se despiertan para comenzar un nuevo ciclo de actividades bajo su bendición. Este acto diario de renovación simboliza su poder transformador, capaz de devolver la energía y el dinamismo al cosmos.

Ushas no solo representa el ciclo natural del amanecer, sino también la **esperanza y la oportunidad** de un nuevo comienzo. En muchos himnos se la invoca como la que trae consigo el potencial de la regeneración y la oportunidad de corregir los errores del día anterior. Este simbolismo es particularmente importante en el contexto védico, donde el ciclo cósmico de creación y disolución está en constante movimiento, y Ushas actúa como la fuerza que renueva este ciclo cada mañana. La luz de Ushas no solo marca el inicio del día, sino también el comienzo de nuevas oportunidades para la **creación** y la **evolución**.

A nivel espiritual, Ushas también está conectada con el despertar de la **conciencia humana**. Así como el amanecer disipa la oscuridad del mundo físico, Ushas se asocia con la luz del **conocimiento** que disipa la ignorancia. En este sentido, ella es vista como una fuerza que permite el acceso a la sabiduría y la comprensión. Al invocarla, los devotos no solo buscan la claridad en sus vidas cotidianas, sino también en el ámbito espiritual. Ushas, por lo tanto, es un **guía espiritual** que ilumina el camino hacia la verdad y el despertar interior.

Otro aspecto importante de Ushas en los himnos védicos es su conexión con el **orden cósmico (rta)**. Al traer la luz y mantener el ciclo diario del amanecer, Ushas actúa como una manifestación visible del rta, asegurando que el universo siga su curso natural. Su llegada puntual cada día reafirma la estabilidad y el orden del cosmos, lo que la convierte en un símbolo de **armonía** y **equilibrio** en la creación. En este sentido, Ushas no solo es una fuerza creativa, sino también una guardiana del orden cósmico, garantizando que el universo funcione en armonía con las leyes divinas.

Además de su importancia cósmica, Ushas también es retratada en los himnos védicos como una deidad llena de gracia y belleza. Su imagen es de una joven que avanza majestuosamente por los cielos, despertando con suavidad a la humanidad y guiando al sol en su ascenso. Esta representación refuerza su asociación con la **vitalidad**, la **juventud** y la **fertilidad**, sugiriendo que el amanecer no es solo un fenómeno natural, sino un momento de regeneración y vida nueva.

Aunque Ushas no tiene el mismo protagonismo en el hinduismo moderno que otras diosas como Sarasvati o Lakshmi, su presencia sigue siendo poderosa en la poesía y la filosofía védica. Su imagen como **traedora de luz** y renovadora del cosmos continúa siendo un recordatorio de la naturaleza cíclica de la vida y la importancia de la renovación diaria tanto en el mundo físico como en el espiritual.

En resumen, **Ushas** es mucho más que la diosa del amanecer: es una figura central en la tradición védica que simboliza la **renovación cósmica**, el **despertar espiritual** y la **esperanza**. A través de su poder para disolver la oscuridad y traer la luz, Ushas personifica el ciclo interminable de creación y disolución que sustenta el orden universal y renueva la vida en cada amanecer.

Aditi: La madre cósmica de los dioses y el concepto de infinitud

Aditi, una de las diosas más veneradas en la tradición védica, es conocida como la **madre cósmica** que dio a luz a los **Adityas**, los dioses que mantienen el orden cósmico y la justicia. Su papel en los Vedas es fundamental, ya que encarna la **infinitud**, la **libertad** y la **naturaleza ilimitada** del universo. Mientras que otras deidades femeninas representan aspectos específicos de la vida o de la naturaleza, Aditi es la personificación del todo, el principio sin límites que abarca tanto lo conocido como lo desconocido.

El nombre "Aditi" proviene de la raíz sánscrita "a-" (sin) y "diti" (límite), lo que literalmente significa "sin límites" o "infinita". Esto subraya su papel como la **deidad del espacio** y del universo no fragmentado, en contraposición a los elementos finitos o limitados del cosmos. Aditi no solo es madre de los dioses, sino también el **principio universal** que da origen a todo lo existente. En el Rig Veda, se la invoca como la diosa que está presente en todo lo que es, y que, a través de sus hijos, sostiene el **rta** (el orden cósmico).

En su papel como madre de los **Adityas**, Aditi engendra a deidades como **Mitra**, **Varuna**, y **Indra**, todos guardianes del orden cósmico y moral. Sus hijos aseguran que las leyes divinas, el **dharma**, se mantengan en el mundo de los mortales y los inmortales. Este aspecto de Aditi como madre protectora es central en los himnos védicos, donde se la ve como la fuente de todo poder divino. Al ser madre de los dioses, Aditi garantiza que el universo permanezca en equilibrio y que las fuerzas destructivas no prevalezcan sobre el orden y la justicia.

Además de su rol maternal, Aditi también está profundamente vinculada con el concepto de **liberación**. En los Vedas, se la describe como la deidad que puede liberar a los seres humanos de las ataduras del sufrimiento y las limitaciones mundanas. Aditi es, en este sentido, la diosa de la **libertad cósmica**, la que rompe las cadenas del condicionamiento material y permite que tanto dioses como humanos trasciendan las restricciones del tiempo y el espacio. Este aspecto la conecta con la **liberación espiritual** y con la idea de que, al invocarla, uno puede ser liberado del ciclo de nacimiento y muerte.

Aditi también está asociada con la **luz** y lo **inmaculado**. En varios himnos del Rig Veda, se la describe como una figura brillante y pura, cuya energía es responsable de la **creación** y la **preservación** de la vida. Es la protectora de todo lo que existe y, al mismo tiempo, el origen de todo lo que será. Aditi es la fuerza que lo abarca todo, trascendiendo el tiempo y el espacio, lo que la convierte en una de las deidades más abstractas y filosóficas de la tradición védica.

Otro aspecto clave de Aditi es su conexión con la **prosperidad y la abundancia**. Aunque es la madre cósmica, su poder no se limita al ámbito espiritual o abstracto; también se la asocia con la fertilidad y la abundancia en el plano terrenal. Los himnos védicos a menudo la invocan para asegurar el bienestar de las comunidades, la abundancia en las cosechas, y la protección contra las fuerzas del caos. En este sentido, Aditi es tanto una fuerza trascendental como una diosa que cuida del bienestar material de la humanidad.

La evolución de Aditi en la tradición hindú posterior es interesante, ya que su figura, aunque central en los Vedas, se diluye un poco en comparación con otras deidades femeninas como **Durga** o **Parvati** en épocas más tardías. Sin embargo, su legado sigue siendo significativo como el arquetipo de la **madre cósmica** que sostiene el universo. Aditi representa el principio eterno de la vida, y su papel en el Rig Veda refleja la visión védica de un cosmos regido por fuerzas divinas femeninas, que son esenciales para la estabilidad del universo.

En resumen, **Aditi** es una figura esencial en la tradición védica, que representa tanto la **infinitud cósmica** como el **principio maternal** que da vida a los dioses y protege el orden del universo. Su carácter dual, como deidad trascendente y protectora terrenal, refleja la profundidad de su poder y su importancia como fuerza vital que mantiene el equilibrio y la libertad en el cosmos.

Prithvi: La tierra como madre nutriente y deidad protectora

Prithvi, la diosa de la tierra en la tradición védica, es venerada como la **madre nutriente** que sostiene toda la vida y proporciona protección a los seres humanos, animales, y plantas. En los himnos del **Rig Veda**, Prithvi es descrita como una fuerza vasta y poderosa, responsable de la **fertilidad** y la **prosperidad**, y que proporciona los recursos necesarios para la supervivencia de todas las criaturas. Junto con **Dyaus**, el cielo, Prithvi forma la pareja divina conocida como **Dyaus-Pitā y Prithvi-Mātā** (Cielo-Padre y Tierra-Madre), quienes se consideran los progenitores del cosmos y la humanidad.

En su papel como **madre tierra**, Prithvi es la deidad que personifica el aspecto material y físico de la vida. Su cuerpo, la tierra, es visto como el hogar sagrado donde todas las formas de vida encuentran refugio, alimento y sustento. Los himnos védicos la alaban por su generosidad, su paciencia y su capacidad para soportar y sostener el peso del mundo, mientras provee a los seres humanos todo lo que necesitan para vivir. Esta concepción de Prithvi no solo como deidad, sino también como **madre protectora**, establece una relación de profunda reverencia entre los seres humanos y la tierra.

Prithvi también se asocia con la **fertilidad** y el **ciclo de vida** que gobierna el mundo natural. Los himnos védicos celebran su capacidad para hacer crecer los cultivos, nutrir las plantas y proporcionar estabilidad al suelo. Este rol de Prithvi como fuente de vida conecta su poder con el **orden cósmico (rta)**, ya que su capacidad para mantener la vida y la fertilidad está alineada con el equilibrio y la armonía del universo. Los agricultores védicos, conscientes de la importancia de Prithvi, la invocaban para asegurar buenas cosechas y abundancia, reconociendo que su prosperidad dependía de la relación armoniosa con la tierra.

Además de su función nutritiva, Prithvi también es vista como una **deidad protectora**. En muchos himnos védicos, se la describe como la que protege a sus hijos del daño y de los peligros naturales. Su capacidad para ofrecer refugio se manifiesta no solo en su función de proporcionar alimentos, sino también en su papel como el fundamento físico del mundo, brindando estabilidad y seguridad. Los védicos reconocían que la tierra tenía el poder de sostener y proteger, pero también entendían que debían respetarla y cuidarla, para mantener el equilibrio entre el hombre y la naturaleza.

La relación entre **Prithvi y Dyaus** es otro aspecto clave de su simbolismo. Juntos, forman una de las dualidades más antiguas en la tradición védica, donde Dyaus-Pitā representa el cielo, lo masculino, lo trascendental, y Prithvi-Mātā encarna la tierra, lo femenino, lo inmanente. Esta dualidad refleja la complementariedad entre lo espiritual y lo material, entre el cielo que ofrece lluvia y sol, y la tierra que responde con la fertilidad y el crecimiento de las cosechas. Este ciclo de interdependencia entre el cielo y la tierra simboliza la **cooperación entre lo divino masculino y lo divino femenino** en la creación y mantenimiento del orden cósmico.

En términos de rituales, Prithvi es invocada en ceremonias relacionadas con la **agricultura**, la **construcción** y los **rituales de asentamiento**, donde se busca su bendición antes de comenzar actividades que involucren la tierra. Los himnos del Rig Veda la llaman para que sea **benévola** con los seres humanos, para que les conceda prosperidad y para que mantenga la estabilidad en el mundo. El respeto a la tierra como una entidad viva y poderosa era una parte fundamental de la relación que los védicos tenían con su entorno natural.

Con el tiempo, Prithvi continuó siendo venerada en el hinduismo como una de las formas de la diosa madre, vinculada con la tierra y la fertilidad. En los periodos posteriores, su figura a menudo se entrelaza con otras diosas como **Bhudevi**, otra personificación de la tierra en la tradición puránica. Sin embargo, el rol de Prithvi como la diosa madre en los Vedas establece un precedente importante para la percepción de la **tierra como sagrada**, un tema que resuena hasta hoy en la reverencia por la naturaleza en muchas tradiciones hindúes.

En resumen, **Prithvi** representa la **madre tierra**, la deidad que no solo proporciona sustento físico, sino que también simboliza la estabilidad, la fertilidad y la protección. Su papel en la cosmología védica como protectora y nutriente del mundo refuerza su conexión con el orden cósmico y subraya la interdependencia entre los seres humanos y la naturaleza, un principio que sigue siendo central en la espiritualidad y la ecología hindú.

La relación de las diosas con el rta (orden cósmico) y la naturaleza

En la tradición védica, el concepto de **rta**, o el **orden cósmico**, es uno de los pilares fundamentales que sostiene el equilibrio del universo. Las diosas védicas, como **Sarasvati**, **Ushas**, **Aditi**, y **Prithvi**, están profundamente conectadas con este principio, representando distintas manifestaciones del rta y su funcionamiento en el cosmos y en la vida humana. Estas deidades no solo son personificaciones de fuerzas naturales, sino que también son guardianas activas del orden y la armonía que rige tanto el universo material como el espiritual.

El **rta** se refiere al conjunto de leyes que aseguran que el cosmos opere en un ciclo armonioso de creación, preservación y regeneración. Las diosas védicas, en su rol como manifestaciones de la naturaleza y del poder divino, juegan un papel crucial en la **sustentación** y **restauración** de este orden cósmico. La conexión de estas deidades con el rta no solo les confiere autoridad en el plano físico (la naturaleza y los ciclos cósmicos), sino también en el **plano moral** y **espiritual**, ya que el rta también regula el comportamiento humano, los rituales y la ética.

Sarasvati, como diosa del conocimiento, la sabiduría y la palabra sagrada, tiene una relación directa con el rta. Su función como deidad del **conocimiento** y **creatividad** asegura que el orden cósmico continúe a través de la transmisión de los saberes que son esenciales para mantener el equilibrio. Los **sacrificios védicos** y los himnos recitados en su honor son formas de preservar el rta, ya que Sarasvati, como protectora de los ritos y de la palabra sagrada (**vak**), garantiza que el universo siga en armonía. Sin el conocimiento y el orden que Sarasvati encarna, el caos reemplazaría al cosmos, y las leyes que rigen el mundo se romperían.

Ushas, la diosa del amanecer, también tiene una conexión intrínseca con el rta, ya que su aparición diaria es un símbolo de la **renovación constante** que mantiene el ciclo natural de creación y destrucción. El amanecer, bajo la guía de Ushas, representa la restauración del orden cósmico tras la oscuridad de la noche, asegurando que el ciclo de vida continúe. Su capacidad para traer la luz y disipar la oscuridad es un acto que reafirma el rta, ya que con cada nuevo amanecer, Ushas asegura que el universo se renueve y mantenga su curso. En este sentido, ella no es solo una diosa del fenómeno físico del amanecer, sino una fuerza espiritual que garantiza la continuidad del orden natural.

Aditi, la madre cósmica, está directamente asociada con el **espacio ilimitado** y la **libertad** dentro del rta. Como madre de los **Adityas**, los dioses que velan por el orden moral y cósmico, Aditi garantiza que las leyes universales sean respetadas y que el universo funcione de acuerdo con las leyes divinas. Sus hijos, como **Varuna** y **Mitra**, supervisan las normas del dharma y aseguran que el rta se mantenga en los reinos de los dioses y de los hombres. Aditi, en su rol de madre universal, sostiene el cosmos entero, protegiendo la armonía y el balance, y garantizando que el caos no prevalezca. Su conexión con la **infinitud** y lo **ilimitado** también refleja la naturaleza eterna del rta, que, aunque invisible, regula todos los aspectos de la existencia.

Prithvi, la diosa de la tierra, es quizás la manifestación más tangible del rta en el plano físico. Como madre tierra, Prithvi representa la estabilidad y la **fertilidad** que mantienen el ciclo de vida. Su capacidad para nutrir y sostener a todos los seres vivos es un reflejo de su papel como guardiana del orden natural. En los himnos védicos, se la invoca para que la tierra sea generosa y benévola, asegurando así que las leyes del rta se cumplan en el plano terrenal. La fertilidad de la tierra, el crecimiento de los cultivos y la prosperidad de las comunidades dependen de que Prithvi mantenga su armonía con el rta. Los védicos reconocían que cualquier desequilibrio en la relación con la tierra podía resultar en desastres naturales o en la pérdida de la abundancia, lo que refuerza la importancia de Prithvi como protectora del orden cósmico en la naturaleza.

En conjunto, estas diosas no solo representan fuerzas naturales y espirituales, sino que son **manifestaciones activas del rta**, el principio que asegura que el universo funcione en equilibrio. Cada una de ellas desempeña un papel específico en la preservación del orden: Sarasvati mantiene el conocimiento y la sabiduría; Ushas renueva el ciclo del tiempo; Aditi protege la justicia y la infinitud; y Prithvi asegura la estabilidad y la fertilidad en la tierra. Sin su influencia, el rta sería interrumpido, y el caos dominaría el cosmos.

En resumen, la relación de las diosas védicas con el **rta** subraya su importancia como **guardianas del orden cósmico** y la naturaleza.

Estas deidades no solo tienen poder sobre los aspectos físicos del mundo, sino que también aseguran la continuidad del equilibrio universal y moral, actuando como fuerzas de renovación, protección y sabiduría que mantienen el cosmos en armonía.

CAPÍTULO 2: LAS RISHIKAS: SABIAS VÉDICAS Y POETAS

Las rishikas, o mujeres sabias védicas, ocupan un lugar destacado en la tradición védica como poetas, videntes y filósofas. En una sociedad donde los ritos religiosos y el conocimiento espiritual eran pilares fundamentales, las rishikas no solo eran respetadas por su sabiduría, sino también por su capacidad para componer himnos védicos, participar en debates filosóficos y colaborar activamente en los rituales. Estas mujeres eran consideradas videntes espirituales con acceso a la revelación divina, y sus composiciones se encuentran en algunos de los textos más sagrados del Rig Veda, lo que subraya su autoridad e influencia en la cultura espiritual de la época.

El término **rishika** es la versión femenina de "rishi," que significa "sabio" o "vidente." Tradicionalmente, los rishis son reconocidos como los autores de los himnos védicos, aquellos que percibían las verdades cósmicas y las convertían en versos sagrados. Las rishikas cumplían el mismo rol que sus homólogos masculinos, revelando que la espiritualidad y el acceso al conocimiento trascendental no estaban limitados por el género. A través de sus himnos y enseñanzas, las rishikas proporcionaban guía espiritual a sus contemporáneos y aseguraban la transmisión de la sabiduría védica a futuras generaciones.

El hecho de que las rishikas hayan sido **autoras de himnos** en los Vedas es un testimonio de su participación activa en la vida religiosa y filosófica de la sociedad védica. A menudo, se las asocia con temas que van más allá de lo doméstico o lo femenino, abordando cuestiones universales como la salud, la vida espiritual, el autoconocimiento y la conexión con lo divino. Su capacidad para componer poesía inspirada refleja no solo su habilidad literaria, sino también su profundo **entendimiento metafísico** y su conexión con la realidad espiritual.

Las rishikas no solo componían himnos, sino que también participaban en los **debates filosóficos** y los **rituales**. Estos rituales eran esenciales para mantener el **rta** (orden cósmico) y el bienestar tanto individual como comunitario. En muchos casos, la presencia de una mujer sabia era considerada indispensable para que el rito se llevara a cabo de manera efectiva. Las rishikas, como guardianas del saber y mediadoras entre lo humano y lo divino, tenían un lugar especial en estos contextos.

El papel de las rishikas es especialmente notable en una época en la que, aunque las sociedades patriarcales predominaban, existía un respeto y reconocimiento por la capacidad espiritual femenina. En muchos de los himnos compuestos por rishikas, se evidencia un sentido de **empoderamiento espiritual** y una afirmación de su rol en la tradición védica. Estas mujeres no eran vistas como figuras pasivas, sino como participantes activas y vitales en el proceso de preservación y transmisión del conocimiento sagrado.

A medida que profundicemos en las figuras específicas de rishikas, como **Lopamudra**, **Ghosha** y **Vak Ambhrini**, veremos cómo cada una de ellas dejó una marca indeleble en la tradición védica, tanto por su sabiduría como por su capacidad para influir en los rituales y la vida espiritual de su tiempo. Estas mujeres demostraron que la **búsqueda del conocimiento** y la **sabiduría espiritual** eran esfuerzos que no conocían barreras de género, estableciendo un precedente duradero para el respeto hacia las mujeres en la filosofía y espiritualidad védica.

Lopamudra: Poeta y sabia, su diálogo con Agastya en el Rig Veda

Lopamudra es una de las figuras más reconocidas entre las **rishikas** de la tradición védica, famosa tanto por su sabiduría como por su papel en el **Rig Veda**. Según los textos, Lopamudra era esposa del sabio **Agastya**, uno de los grandes rishis de la India antigua. Sin embargo, su identidad no se limitaba a ser la consorte de un gran sabio; ella misma era una **poeta y sabia** respetada, reconocida por su capacidad de diálogo y su participación activa en los aspectos filosóficos y espirituales de la vida védica.

El **Rig Veda** recoge un diálogo fascinante entre Lopamudra y Agastya que revela mucho sobre su carácter, su intelecto y su comprensión profunda de la vida espiritual y material. En este diálogo, Lopamudra expresa un deseo de balancear las responsabilidades espirituales y las relaciones terrenales. El himno tiene un tono íntimo y humano, abordando el tema de las **necesidades emocionales** y físicas dentro de una vida dedicada a la espiritualidad. Lopamudra, con inteligencia y perspicacia, cuestiona a Agastya sobre la importancia de no descuidar los aspectos **humanos** y **relacionales** de la vida matrimonial, aun cuando uno está profundamente comprometido con las prácticas ascéticas y el conocimiento espiritual.

Este diálogo es notable porque desafía la percepción de que la vida védica se centraba exclusivamente en los sacrificios y la austeridad, y destaca el **papel de las mujeres** como pensadoras activas en los temas más profundos de la vida. Lopamudra, al plantear sus inquietudes, no solo busca reafirmar su **individualidad** dentro del matrimonio, sino también recordar la importancia de la **armonía** entre lo espiritual y lo terrenal. Su diálogo con Agastya revela su aguda comprensión de los aspectos espirituales, pero también de las **realidades humanas**, lo que la convierte en una figura compleja y avanzada para su época.

Este intercambio también es importante porque permite ver que las mujeres en la tradición védica no eran simplemente acompañantes silenciosas de sus esposos, sino que desempeñaban un papel activo en la formación del pensamiento filosófico y espiritual. **Lopamudra**, al cuestionar a Agastya, demuestra no solo su inteligencia, sino su derecho a expresar sus deseos y a influir en el discurso espiritual de su tiempo. A través de su poesía, Lopamudra trae a la luz temas sobre la **relación entre el cuerpo y el espíritu**, sugiriendo que la vida humana no debe rechazar lo terrenal, sino que debe encontrar un equilibrio que permita tanto el progreso espiritual como el bienestar personal.

El himno de Lopamudra también tiene un componente importante de **sensibilidad femenina**, donde expresa sus deseos de mantener viva la conexión emocional y física dentro de la vida matrimonial. Esto no debe verse como una contradicción frente a los ideales espirituales védicos, sino como una muestra de la **riqueza** y **complejidad** de la tradición, que podía integrar los aspectos mundanos y los trascendentes de la vida.

Este himno, que combina temas de espiritualidad, amor conyugal y filosofía, pone de manifiesto el **poder de las rishikas** en la tradición védica, donde el género no era un impedimento para alcanzar la sabiduría y participar en los más altos diálogos sobre el sentido de la vida. Lopamudra es un ejemplo claro de cómo las mujeres podían influir en los ritos, en la literatura sagrada y en el pensamiento filosófico. Su relación con Agastya también refleja una dinámica de respeto mutuo, en la cual el diálogo entre esposo y esposa se desarrolla sobre la base de la **igualdad intelectual** y espiritual.

En resumen, **Lopamudra** es una rishika que desafía las expectativas tradicionales, mostrándonos a una mujer profundamente espiritual y filosófica que no tiene miedo de expresar sus pensamientos ni de influir en los hombres sabios de su tiempo. A través de su diálogo con Agastya, nos ofrece una ventana hacia el pensamiento védico, donde las preocupaciones sobre el cuerpo, el espíritu y las relaciones humanas se entrelazan en un complejo tapiz de sabiduría.

Ghosha: La rishika que oraba por la salud y la plenitud

Ghosha es otra importante **rishika** mencionada en los himnos del **Rig Veda**, reconocida por su contribución poética y su enfoque en temas de **salud**, **curación** y **plenitud**. Aunque es menos conocida que otras sabias como Lopamudra, su historia y sus himnos muestran una faceta única del rol de las mujeres en la tradición védica, especialmente en relación con el deseo de bienestar físico y espiritual.

La vida de Ghosha, según la tradición védica, estuvo marcada por una **enfermedad prolongada** que afectaba su movilidad y la alejaba del matrimonio y de la vida social activa. Se menciona que sufría de lepra, lo cual en la antigüedad védica era una afección difícil de tratar y que solía aislar a las personas que la padecían. Sin embargo, en lugar de verse limitada por esta situación, Ghosha utilizó su condición como inspiración para crear himnos que expresaban su deseo de **sanación** y su anhelo por alcanzar la **plenitud** en todos los aspectos de la vida, tanto física como espiritual.

Ghosha compuso dos himnos en el Rig Veda, ambos dedicados al dios de la salud y la longevidad, **Ashvins**, los **dioses gemelos** y sanadores divinos. En sus invocaciones, Ghosha pide la intervención de los Ashvins para recuperar su salud y ser bendecida con una vida plena. Los Ashvins eran conocidos por su capacidad de curar y restaurar a los enfermos, y eran invocados en casos de dolencias físicas y problemas de salud. Los himnos de Ghosha destacan por la profundidad de su devoción y su fe en los poderes curativos de los Ashvins, lo que refleja su esperanza en la recuperación y su deseo de participar plenamente en la vida.

Los himnos de Ghosha no solo tienen un tono de súplica, sino que también demuestran una **gran fuerza interior**. A través de su poesía, Ghosha no solo busca la curación física, sino también la oportunidad de vivir una vida completa y activa en la sociedad, incluyendo la posibilidad del **matrimonio**, que en la tradición védica era visto como un paso importante tanto para las mujeres como para los hombres. Ghosha expresa en sus himnos su anhelo de ser amada y de formar una familia, lo que revela una faceta profundamente **humana** de la experiencia espiritual.

A pesar de su enfermedad, Ghosha nunca se presenta como una víctima en sus himnos. En lugar de eso, sus palabras transmiten una actitud de empoderamiento y fe inquebrantable en la intervención divina. Esta cualidad destaca la importancia del **optimismo** y la **resiliencia** en la espiritualidad védica, mostrando cómo las mujeres como Ghosha podían utilizar la adversidad personal como un medio para fortalecer su conexión con lo divino y alcanzar una mayor comprensión del poder espiritual.

Además de sus oraciones por la salud, Ghosha también es recordada por sus reflexiones sobre la **vida y la longevidad**, temas que eran cruciales en la cultura védica. La longevidad, asociada con la vitalidad física y espiritual, era vista como una bendición divina, y Ghosha no solo oraba por ella para sí misma, sino también para su comunidad. Sus himnos muestran un profundo entendimiento de la interrelación entre el **cuerpo** y el **alma**, destacando cómo la salud física es esencial para la práctica espiritual y la participación activa en los rituales que mantenían el equilibrio cósmico.

El legado de Ghosha es importante porque demuestra que las rishikas no solo componían himnos relacionados con temas filosóficos o abstractos, sino que también trataban cuestiones cotidianas como la salud y el bienestar. Este enfoque revela la **universalidad** de la experiencia espiritual en los Vedas, donde las preocupaciones humanas se entrelazan con lo divino. Ghosha, al orar por la curación, nos recuerda que el cuerpo es un vehículo sagrado para el alma, y que el bienestar físico es una parte integral del viaje espiritual.

En resumen, **Ghosha** fue una rishika cuyas composiciones reflejan el deseo humano de salud y plenitud, pero también el poder del espíritu para trascender las limitaciones físicas. A través de sus himnos, ella invoca a los Ashvins no solo para sanar su cuerpo, sino para permitirle participar plenamente en la vida, demostrando que la espiritualidad védica abarcaba tanto las aspiraciones trascendentes como las necesidades terrenales. Ghosha es un ejemplo de cómo las mujeres védicas no solo fueron sabias y poetas, sino también figuras que encarnaron el deseo de transformación personal a través de la fe en lo divino.

Vak Ambhrini: La personificación de la palabra sagrada en el himno de la creación

Vak Ambhrini es una de las figuras más enigmáticas y poderosas entre las **rishikas** de la tradición védica. Se le atribuye un himno del **Rig Veda** conocido como el **"Himno de la Palabra"** (Rig Veda 10.125), en el que **Vak** (la palabra o el habla) se presenta no solo como una deidad, sino como el **principio cósmico creador** que impregna todo el universo. Vak Ambhrini no es solo una vidente que canta un himno, sino la **personificación viva de la palabra sagrada**, un concepto fundamental en los Vedas, donde la palabra tiene el poder de crear, ordenar y sostener el cosmos.

El himno atribuido a Vak Ambhrini es una de las piezas más filosóficas y místicas de la tradición védica. En este himno, Vak se describe a sí misma como la **energía divina** que da vida a todo lo que existe. Habla en primera persona, proclamando su presencia en todos los seres, dioses y elementos del universo. A través de este himno, se revela que la palabra (Vak) es la fuerza detrás de la creación, la energía que impulsa la existencia y que conecta a todos los seres en el tejido cósmico del **rta** (orden cósmico). Vak declara:

"Yo muevo a los dioses, yo soy la reina, la primera entre los dignos de adoración. Yo sostengo al cielo y a la tierra, yo enciendo el fuego en el corazón del sacrificio."

Esta afirmación muestra a **Vak** no solo como un medio de comunicación, sino como la **fuente primordial** de toda creación. El poder de la palabra, en este contexto, no es meramente simbólico o utilitario; es el poder cósmico que subyace en el acto de crear el universo y mantener el orden cósmico. En la cosmovisión védica, la palabra no es solo una herramienta, sino una manifestación de la **conciencia divina**.

El hecho de que este himno haya sido compuesto por **Vak Ambhrini** subraya la importancia de las mujeres en la creación y transmisión del conocimiento sagrado. Como autora de este profundo himno, Vak Ambhrini se presenta no solo como una rishika más, sino como la **encarnación de la palabra divina**, lo que la eleva a un estatus casi mítico en la tradición védica. A través de su himno, ella nos muestra que el poder de la creación y la revelación espiritual no está limitado por el género, sino que es accesible a aquellos que han alcanzado un estado de conexión con lo divino.

La imagen de **Vak** como principio creador también tiene profundas implicaciones filosóficas. En la tradición védica, la palabra es la herramienta que utiliza el sacrificante (el **yajamana**) para invocar a los dioses y mantener el equilibrio cósmico. Los himnos védicos mismos son vistos como formas de **Vak**, que tienen el poder de influir en los dioses y en el curso del universo. Al invocar a Vak, los sacerdotes no solo se dirigen a una diosa, sino que están manipulando la **energía primordial** que mantiene el orden del mundo. La palabra, por tanto, es un canal para acceder y participar en el **rta**, y Vak Ambhrini, al ser la portadora de este himno, se convierte en un **nexo viviente** entre lo humano y lo divino.

Además, en el himno de Vak Ambhrini, hay una clara afirmación del **poder femenino**. La palabra, encarnada en Vak, es femenina, y su capacidad para crear, sostener y transformar el universo está directamente relacionada con el principio femenino de la creación. Este himno muestra que en la tradición védica, las mujeres no solo tenían acceso al poder espiritual, sino que también podían personificar la **fuerza creadora** misma. Vak es la voz de la revelación, la creadora del cosmos y la fuerza que une todo lo existente, y lo hace desde una perspectiva profundamente femenina.

El himno de Vak Ambhrini también tiene una resonancia en la idea del **logos** o la palabra divina en otras tradiciones religiosas, como el cristianismo y el islam, donde la palabra tiene un poder divino para crear y revelar. En el caso de los Vedas, la palabra no solo es un vehículo para el conocimiento, sino que es el conocimiento en sí, el medio a través del cual lo divino se manifiesta en el mundo. Vak Ambhrini, al componer este himno, se coloca en el centro de este proceso de creación, revelación y transmisión de la verdad cósmica.

En resumen, **Vak Ambhrini** y su himno sobre la **palabra** revelan la profundidad del pensamiento védico sobre la **naturaleza del lenguaje** y su poder en la creación y el mantenimiento del universo. La rishika no solo participa en el acto de cantar himnos, sino que se convierte en la voz del poder divino que crea y sostiene el cosmos. A través de este himno, Vak Ambhrini encarna el principio femenino de la palabra y demuestra que, en la tradición védica, las mujeres podían personificar la energía más fundamental del universo: la **palabra sagrada** que da forma a todo lo que existe.

Otras mujeres videntes en los himnos védicos

Además de figuras prominentes como **Lopamudra**, **Ghosha**, y **Vak Ambhrini**, hay varias **rishikas** (sabias) que contribuyeron a la rica tradición védica, demostrando que las mujeres desempeñaron un papel significativo en la creación y preservación del conocimiento sagrado. Estas mujeres videntes, mencionadas en los **himnos del Rig Veda**, no solo participaron en los rituales y componían himnos, sino que también encarnaban el **poder espiritual** femenino, transmitiendo sabiduría, fuerza y devoción a través de sus versos. Estas rishikas aparecen como voces activas en el diálogo espiritual de la época, mostrando la **diversidad** de sus preocupaciones y el alcance de su influencia en la tradición védica.

Entre las sabias védicas menos conocidas se encuentra **Apala**, quien es celebrada en el Rig Veda por su devoción y su conexión especial con los dioses. El himno de Apala narra su encuentro con **Indra**, el dios de la lluvia y el trueno, a quien ella invoca para obtener la curación y el restablecimiento de su belleza física. Apala, al igual que **Ghosha**, había sufrido una enfermedad de la piel, pero su fe inquebrantable en Indra la llevó a realizar un ritual en su honor, en el que masticaba una planta medicinal sagrada y la ofrecía a través del agua del río. Indra, impresionado por su devoción, la curó y restauró su belleza. Este himno no solo habla de la capacidad de las mujeres para invocar a los dioses y realizar rituales, sino también del **poder curativo** y transformador de la devoción. Apala, a través de su himno, muestra el **vínculo entre lo femenino y la naturaleza** en la tradición védica, donde la mujer actúa como intermediaria entre el mundo natural y lo divino.

Otra rishika importante es **Romasha**, una sabia védica cuyas composiciones reflejan la importancia del equilibrio y la **armonía cósmica**. Aunque se conservan pocos detalles sobre su vida, Romasha es reconocida por sus himnos dedicados a los dioses, donde expresa su devoción y su deseo de conectarse con lo divino para asegurar el bienestar de su comunidad. Romasha representa la **sabiduría femenina** en su forma más pura, donde la poesía se convierte en un vehículo para elevar el espíritu y garantizar la prosperidad a través de la conexión con los dioses.

Visvavara es otra rishika mencionada en el Rig Veda, famosa por su participación en los rituales y por sus himnos dedicados a los dioses **Agni** y **Indra**. En su poesía, Visvavara invoca a estos dioses para obtener protección y éxito en los sacrificios, subrayando su habilidad para realizar invocaciones poderosas que benefician tanto a su familia como a su comunidad. La figura de Visvavara demuestra que las mujeres en la tradición védica no solo participaban en los rituales, sino que también **lideraban** importantes ceremonias. A través de sus himnos, ella no solo refuerza su conexión con las fuerzas divinas, sino que también enfatiza la responsabilidad de las mujeres en la preservación del orden cósmico y el equilibrio espiritual.

Finalmente, otra rishika notable es **Sikata Nivavari**, cuyo himno está dedicado a los aspectos **cósmicos** y **naturales** del mundo, y revela una visión profunda de la interrelación entre lo humano y lo divino. Sikata Nivavari canta sobre los elementos naturales y la fuerza que mantienen el equilibrio en el cosmos, destacando la importancia de los ritmos naturales y los ciclos universales. En su poesía, hay un reconocimiento claro del poder de la naturaleza y la energía femenina que la rige. Como rishika, Sikata representa el profundo respeto por la naturaleza que caracteriza la espiritualidad védica, y su himno es un tributo a la **interconexión** entre todos los seres vivientes.

Estas mujeres sabias, al igual que las más conocidas, son testimonios del **poder espiritual** y la **influencia intelectual** que las mujeres tenían en la sociedad védica. A través de sus himnos, ellas abordaron no solo temas relacionados con la devoción, la salud y el sacrificio, sino también asuntos más universales como la **armonía cósmica**, la **naturaleza** y la **protección divina**. El hecho de que estas composiciones hayan sido incluidas en el Rig Veda demuestra que sus voces eran respetadas y valoradas, y que las mujeres desempeñaban un papel activo y vital en la vida espiritual de la época.

El estudio de estas rishikas revela que las mujeres en la tradición védica no eran figuras secundarias, sino **líderes espirituales** con una profunda comprensión de los misterios divinos. A través de su poesía, expresaron su relación con los dioses y el cosmos, contribuyendo significativamente a la preservación del **rta** (orden cósmico). Estas sabias demostraron que el poder espiritual y la sabiduría eran accesibles para todos, independientemente del género, y que las mujeres podían influir en la vida religiosa, filosófica y ritual de la sociedad védica.

Análisis del poder espiritual de las rishikas y su influencia en los rituales

El **poder espiritual de las rishikas** en la tradición védica no solo se reflejaba en su capacidad para componer himnos y participar en la vida filosófica, sino también en su profunda **influencia en los rituales**. Las rishikas, a través de su sabiduría y conexión con lo divino, desempeñaban un papel activo en los sacrificios y ceremonias que mantenían el **rta** (orden cósmico) y aseguraban el bienestar de la comunidad. Aunque gran parte de la historia védica se centra en los rishis masculinos, las rishikas fueron igualmente importantes como guardianas del conocimiento sagrado y como participantes en los ritos que vinculaban lo humano con lo divino.

Uno de los aspectos más notables del poder espiritual de las rishikas es que su influencia trascendía el ámbito doméstico y se extendía al **mundo ritual** y **cosmológico**. A través de sus himnos, estas mujeres videntes no solo articulaban sus deseos personales o reflexiones filosóficas, sino que también actuaban como intermediarias entre los dioses y los humanos, lo que les otorgaba una posición crucial en la estructura religiosa de la sociedad védica. Como poetas y sabias, las rishikas no solo participaban en los sacrificios, sino que, en muchos casos, lideraban invocaciones y oraciones, demostrando que su poder espiritual tenía un impacto directo en los **resultados de los rituales**.

El papel de las rishikas en los sacrificios era multifacético. En la tradición védica, el **yajña** (sacrificio) no era solo una ceremonia física, sino un acto de **transformación espiritual**, en el que el fuego de Agni servía como mediador entre los humanos y los dioses. Las rishikas, al componer y recitar himnos durante los sacrificios, ayudaban a canalizar la energía divina, lo que permitía que el ritual fuera efectivo. La palabra sagrada, o **Vak**, que era considerada una fuerza creadora en sí misma, tenía un poder transformador cuando era invocada correctamente. Las rishikas, como **Vak Ambhrini**, que personificaba la palabra divina, representaban la encarnación misma de este poder, haciendo de su participación en los rituales una parte esencial para asegurar el éxito del sacrificio.

Además, los himnos de las rishikas reflejan un **entendimiento profundo** de los principios cósmicos y espirituales que subyacían en los rituales védicos. A través de sus invocaciones a los dioses, estas mujeres sabias aseguraban que los **sacrificios** no solo cumplían con su propósito terrenal—garantizar la prosperidad, la salud o la protección—sino que también mantenían el **equilibrio cósmico**. En este sentido, las rishikas eran responsables de asegurar que los principios del rta se mantuvieran, y sus himnos ayudaban a establecer una **conexión armoniosa** entre el mundo material y el espiritual.

Por ejemplo, en los himnos de **Lopamudra**, su capacidad para dialogar con Agastya y plantear cuestiones filosóficas sobre la naturaleza del cuerpo y el espíritu muestra que las rishikas no solo participaban en el sacrificio, sino que también influían en su **significado espiritual**. Lopamudra desafió las normas tradicionales del ascetismo excesivo, señalando que la **armonía** entre el mundo espiritual y material era crucial para la vida humana y para el éxito de los rituales. Este enfoque balanceado es una representación del poder transformador que las mujeres, como rishikas, podían traer a la vida ritual védica.

Otro ejemplo claro de la influencia ritual de las rishikas es **Ghosha**, cuya oración a los **Ashvins** no solo buscaba la curación de su enfermedad, sino que también implicaba la invocación de los dioses para el bienestar de la comunidad. Su himno, centrado en la salud y la plenitud, muestra cómo las mujeres sabias podían influir en los resultados de los rituales de **sanación** y **longevidad**, dos de las preocupaciones más importantes en la sociedad védica. Al recitar sus himnos en el contexto de los sacrificios, Ghosha no solo buscaba un beneficio personal, sino que actuaba como una **guía espiritual** que invocaba la intervención divina para el bienestar de todos.

El poder espiritual de las rishikas también se manifestaba en su capacidad para participar en los **rituales familiares** y **domiciliarios**, donde las mujeres jugaban un papel crucial en la preservación de los ritos cotidianos que mantenían el rta a nivel microcósmico. Las mujeres, incluidas las rishikas, eran las encargadas de realizar ciertos **sacrificios domésticos** y de mantener el fuego sagrado en el hogar, lo que refleja que el poder espiritual femenino no estaba limitado a los grandes rituales públicos, sino que también era fundamental en el ámbito privado y familiar.

En conjunto, el poder espiritual de las rishikas y su influencia en los rituales védicos demuestra que las mujeres desempeñaban un rol activo y vital en la vida religiosa de su época. A través de sus himnos, las rishikas no solo invocaban a los dioses, sino que también **transformaban** y **elevaban** la naturaleza del sacrificio, asegurando que el acto ritual no solo fuera un intercambio con lo divino, sino también una **expresión del conocimiento cósmico** que ellas mismas encarnaban. Su capacidad para influir en los ritos, tanto en lo público como en lo privado, reafirma el respeto y el reconocimiento que la tradición védica les otorgaba como líderes espirituales.

CAPÍTULO 3: MUJERES Y EL SACRIFICIO VÉDICO

*El papel de las mujeres en
el yajña (sacrificio)*

En la tradición védica, el yajña, o sacrificio de fuego, era uno de los actos más importantes para mantener el equilibrio cósmico y la relación entre los humanos y los dioses. Aunque a menudo los rituales eran liderados por sacerdotes masculinos, las mujeres desempeñaban un papel vital en estos actos sagrados. Su presencia no era solo simbólica; su participación activa en el ritual era fundamental para garantizar el éxito del sacrificio y la continuidad del rta (orden cósmico). En muchos casos, el sacrificio no era considerado completo sin la intervención de las mujeres, lo que subraya su importancia en el plano espiritual y ritual.

Uno de los roles principales de las mujeres en el yajña era su participación como **esposas de los yajamanas** (quienes realizaban el sacrificio). En muchos rituales, la esposa del sacrificante tenía que estar presente junto a su esposo para que el ritual se realizara correctamente. Su rol era visto como indispensable, ya que representaba la energía femenina complementaria que equilibraba el poder masculino del sacrificante. Esta **complementariedad entre lo masculino y lo femenino** era crucial para el éxito del yajña, ya que la espiritualidad védica se basaba en la idea de que tanto las energías masculinas como femeninas eran necesarias para mantener el equilibrio del universo.

En rituales importantes, como el **Agnihotra** (un sacrificio de fuego doméstico), la esposa desempeñaba un papel activo en la preparación y ejecución del rito. Su función no se limitaba a observar o acompañar al esposo; ella participaba en la recitación de los mantras y en la ofrenda de los elementos sagrados al fuego. En algunos casos, las mujeres mismas podían realizar partes del sacrificio, lo que demuestra que su rol en el yajña era mucho más amplio de lo que a veces se ha representado en textos posteriores.

Además de participar directamente en los sacrificios, las mujeres también desempeñaban un papel clave en la **preparación** de los materiales y el espacio sagrado. Los yajñas eran actos altamente ritualizados, en los que cada detalle, desde la disposición de los elementos hasta la pureza de los materiales, tenía un significado profundo. Las mujeres participaban en la recolección y purificación de los ingredientes sagrados, como la leche, el ghee y las hierbas, que serían ofrecidos a los dioses a través del fuego de Agni. Esta tarea, aunque a menudo pasada por alto en el enfoque más ritualista, era esencial para la **pureza y eficacia del sacrificio**, y las mujeres que realizaban estos actos participaban activamente en el proceso de santificación.

El poder espiritual de las mujeres en el contexto del yajña también se reflejaba en su conexión con la **fertilidad** y la **prosperidad**. Se creía que su presencia en los rituales aumentaba la efectividad de las ofrendas y aseguraba que los dioses fueran propicios. Esta idea se basaba en el principio de que las mujeres, como portadoras de la vida, estaban naturalmente conectadas con las fuerzas de la creación y la abundancia, lo que hacía que su participación en el sacrificio fuera indispensable para atraer bendiciones y prosperidad tanto a nivel individual como comunitario.

En algunos de los yajñas más complejos y elaborados, como el **Asvamedha** (sacrificio del caballo), la reina o esposa del rey tenía un papel especial. Durante el Asvamedha, el rey sacrificaba un caballo para simbolizar su dominio sobre la tierra y para asegurar la continuidad de su poder. Sin embargo, para que este sacrificio tuviera éxito, la **reina** debía participar en ciertos ritos que garantizaban la **fertilidad y la estabilidad** del reino. Esto ilustra cómo el poder ritual y político del rey dependía de la presencia y la energía de su esposa, quien actuaba como una fuerza protectora y auspiciosa para el éxito del sacrificio.

Además, el papel de las mujeres en los yajñas no solo estaba vinculado a la fertilidad biológica o agrícola, sino también al **orden moral** y espiritual de la comunidad. Su participación en los sacrificios aseguraba que el dharma, o el orden social y moral, se mantuviera. Las mujeres, al actuar como **guardianas de la pureza** y facilitadoras de los rituales, contribuían a mantener el equilibrio entre lo humano y lo divino, asegurando que los ritos se llevaran a cabo en armonía con las leyes cósmicas.

Savitri: La importancia de las esposas en los sacrificios y su rol en la preservación del dharma

En la tradición védica, el papel de las mujeres, especialmente las esposas, en los sacrificios es crucial para la efectividad de los rituales y la preservación del **dharma**. Una figura que encarna esta importancia es **Savitri**, la legendaria heroína del Mahabharata, famosa por su devoción, sabiduría y poder espiritual. Su historia ejemplifica no solo el poder de la mujer para influir en el destino, sino también su rol en la preservación del dharma, tanto en el plano espiritual como en el doméstico.

La **historia de Savitri** es un relato clásico de devoción conyugal y determinación, que tiene profundas implicaciones filosóficas y rituales. Según el Mahabharata, Savitri era hija del rey Ashvapati, quien, después de muchos años de oración, recibió una hija como bendición de la diosa **Savitri**, de quien la niña tomó su nombre. Creciendo como una mujer de gran sabiduría y belleza, Savitri decidió casarse con **Satyavan**, un príncipe en el exilio. Sin embargo, se le advirtió que Satyavan estaba destinado a morir un año después de su matrimonio. A pesar de esta predicción, Savitri insistió en casarse con él, demostrando su inquebrantable amor y compromiso.

La fuerza espiritual de Savitri se revela en el momento más decisivo de su vida, cuando el dios de la muerte, **Yama**, llega para llevarse el alma de su esposo Satyavan. En lugar de resignarse a la pérdida, Savitri sigue a Yama, dialogando con él sobre los principios del dharma y la justicia. A través de su **sabiduría**, **devoción** y habilidad para argumentar con profundidad filosófica, Savitri finalmente persuade a Yama para que devuelva la vida a su esposo. Este episodio no solo muestra la fortaleza de Savitri como esposa, sino también su capacidad para **interceder con los dioses** y alterar el destino a través de su devoción y su conexión con el dharma.

El relato de Savitri subraya varios aspectos clave del papel de las esposas en los sacrificios y la preservación del dharma. En primer lugar, Savitri personifica la **devoción conyugal (pativrata)**, que en la tradición védica y postvédica se consideraba uno de los más altos ideales para una mujer casada. Este concepto va más allá de la mera lealtad hacia el esposo; implica una **unidad espiritual** en la que la esposa comparte la responsabilidad de mantener el bienestar físico, espiritual y moral de su esposo y, por extensión, del orden cósmico. Al actuar con rectitud, las esposas no solo protegen a su familia, sino que también contribuyen al **mantenimiento del dharma** en un nivel más amplio.

En segundo lugar, la historia de Savitri refleja la **importancia de las mujeres en los sacrificios**, tanto en su rol activo como en su presencia espiritual. Aunque el Mahabharata es posterior a los Vedas, su representación de Savitri refuerza las ideas védicas sobre la importancia de la participación femenina en los ritos. Como esposa de Satyavan, Savitri no realiza un sacrificio formal en el sentido védico, pero su acto de devoción es simbólicamente equivalente a un **yajña**, donde su fuerza espiritual y su conocimiento del dharma son cruciales para alterar el curso de los eventos. Esto subraya que las mujeres no solo eran necesarias para completar los rituales, sino que también tenían la capacidad de influir directamente en el destino y el equilibrio cósmico.

La historia de Savitri también pone en relieve el **poder del discurso** y la palabra sagrada. Su habilidad para **convencer a Yama** a través del diálogo no solo es un acto de sabiduría, sino también una demostración del poder transformador de la palabra, algo profundamente enraizado en la tradición védica. En los sacrificios védicos, la correcta recitación de los mantras era esencial para asegurar el éxito del ritual, y las mujeres, como Savitri, comprendían la importancia de la **palabra sagrada** en la interacción con lo divino.

El rol de las esposas en los sacrificios también está estrechamente vinculado a su función como **guardianas del hogar y del fuego sagrado**. En muchos de los rituales domésticos, como el **Agnihotra**, la esposa era responsable de mantener el fuego encendido y de asegurar la pureza del entorno ritual. Este papel no era meramente pasivo; requería un entendimiento profundo de los principios rituales y una devoción constante al dharma. Las mujeres, al mantener el fuego del sacrificio, actuaban como intermediarias entre el mundo humano y lo divino, asegurando que el dharma se mantuviera intacto a través de los ritos diarios.

La presencia de las mujeres en los ritos domésticos

En la tradición védica, los **ritos domésticos** desempeñaban un papel fundamental en la vida cotidiana, ya que eran actos rituales que mantenían el **rta** (orden cósmico) a nivel familiar y aseguraban el bienestar tanto del hogar como de la comunidad. En este contexto, las mujeres, especialmente las esposas, eran **figuras clave** en la ejecución y preservación de estos rituales. Su participación no solo era vista como auspiciosa, sino esencial para que los ritos fueran efectivos y se mantuviera la **pureza** y **santidad** del entorno doméstico.

Uno de los principales ritos domésticos donde la presencia de las mujeres era fundamental es el **Agnihotra**, el sacrificio de fuego diario que se realizaba al amanecer y al anochecer. Este ritual consistía en ofrecer leche, ghee y otros ingredientes sagrados en el fuego de Agni, mientras se recitaban mantras para invocar la protección y bendición de los dioses. Aunque el esposo solía ser el principal oficiador del Agnihotra, la **esposa** jugaba un papel activo en el ritual, asegurando que el fuego permaneciera encendido y que las ofrendas se prepararan correctamente. Sin su participación, el rito no se consideraba completo.

La **pureza** y el **orden** eran elementos esenciales para que cualquier sacrificio, incluido el Agnihotra, fuera efectivo. Las mujeres, debido a su rol como **guardianas del hogar**, eran las encargadas de mantener estos principios dentro del ámbito doméstico. Su participación en el cuidado del fuego sagrado reflejaba su conexión directa con el aspecto protector y nutricio de Agni. Además, el hecho de que el hogar fuera considerado un microcosmos del universo subraya la importancia del **poder femenino** en la preservación del orden cósmico a través de los ritos domésticos.

Otro rito doméstico donde las mujeres eran indispensables es el **Pumsavana**, un ritual realizado durante el embarazo para asegurar el bienestar del feto y la salud de la madre. En este rito, las mujeres jugaban un rol central en la invocación de la **fertilidad** y la **protección divina**, ya que se creía que su presencia y participación ayudaban a atraer las bendiciones de los dioses para el futuro del niño. A través de su conexión con las energías de la creación y la vida, las mujeres garantizaban que la fertilidad y la continuidad de la familia se mantuvieran dentro del dharma.

En los **rituales de purificación** después del nacimiento de un hijo, las mujeres nuevamente tomaban un rol protagónico. El **Simantonnayana**, un rito realizado durante el séptimo mes de embarazo, estaba dirigido a asegurar el bienestar emocional y espiritual de la madre y el bebé. En estos ritos, la mujer no solo era el foco del ritual, sino también la intermediaria a través de la cual se invocaban las bendiciones divinas. La participación femenina en estos ritos aseguraba que la nueva vida naciera en armonía con las fuerzas cósmicas.

En el **Grihya Sutras**, que son textos rituales védicos que regulan los ritos domésticos, se menciona con detalle el papel de las mujeres en ceremonias como el **Upanayana**, la iniciación del joven en la vida adulta y su introducción a los estudios védicos. En estos ritos, la madre del niño jugaba un papel clave, no solo como figura protectora, sino también como representante del linaje familiar, transmitiendo las bendiciones necesarias para el éxito del niño en su vida espiritual y educativa. Esto ilustra cómo las mujeres, más allá de sus roles reproductivos, eran vistas como **transmisoras de la tradición espiritual**.

Además de los ritos de nacimiento y crecimiento, las mujeres también tenían un papel activo en los **rituales funerarios**. Aunque la cremación solía ser dirigida por hombres, las mujeres contribuían al proceso con sus oraciones y ofrendas. En particular, las esposas jugaban un papel en la **preparación** de los cuerpos y en la realización de los ritos posteriores a la cremación, que buscaban asegurar la transición pacífica del alma al más allá. Las oraciones y los mantras recitados por las mujeres ayudaban a guiar el alma en su viaje, demostrando nuevamente su **conexión con el ciclo de la vida y la muerte**.

La **preparación de ofrendas** y la participación en los festivales familiares también eran áreas en las que las mujeres tenían un rol fundamental. En festividades como **Diwali**, las mujeres eran las encargadas de encender las lámparas de aceite (**diyas**), un acto cargado de simbolismo, ya que representaba la **victoria de la luz sobre la oscuridad** y la **presencia protectora** de la diosa Lakshmi, quien traía prosperidad al hogar. Encender las lámparas no era solo una tarea práctica, sino un acto ritual que invocaba el poder divino para proteger y bendecir el hogar.

En la vida cotidiana, las mujeres eran las encargadas de los ritos diarios de purificación, como la limpieza de los espacios sagrados y la preparación de los **altares** domésticos. Estos actos eran fundamentales para asegurar que el entorno ritual estuviera listo para recibir a los dioses, lo que mostraba que la **espiritualidad doméstica** era un campo donde las mujeres ejercían una autoridad significativa. Su habilidad para mantener la pureza y el orden en el hogar les confería un poder ritual, que aseguraba la conexión constante entre el mundo terrenal y lo divino.

¿Cómo se veían afectadas las mujeres por las leyes rituales?

Las **leyes rituales védicas**, que regulaban los sacrificios y otros aspectos de la vida religiosa, tenían un impacto significativo en las mujeres, tanto en su rol dentro de los rituales como en su vida cotidiana. Aunque las mujeres desempeñaban funciones esenciales en los sacrificios y ritos domésticos, las leyes védicas, conocidas como **Dharmashastras** y **Grihya Sutras**, también establecían ciertas restricciones y normativas que afectaban su participación y definían los límites de su papel ritual. Estas leyes reflejaban una visión **patriarcal** de la sociedad védica, en la que los hombres, especialmente los sacerdotes y los cabezas de familia, tenían la autoridad principal en los actos religiosos y en la interpretación de los principios del dharma.

Uno de los aspectos más notables de las leyes rituales que afectaba a las mujeres era la **dependencia de la figura masculina** para realizar muchos de los sacrificios. Aunque las mujeres participaban activamente en los yajñas, su papel a menudo estaba subordinado al del esposo o el cabeza de familia. En el **Agnihotra**, por ejemplo, la presencia de la esposa era fundamental, pero el esposo, como el yajamana (el sacrificante), ocupaba la posición de liderazgo en el ritual. Las leyes rituales especificaban que la esposa debía estar presente para que el sacrificio fuera completo, pero no se le permitía realizar el sacrificio por sí misma en ausencia de su esposo, lo que refleja una limitación en su autonomía ritual.

Las leyes también establecían normas que restringían la participación de las mujeres en ciertos momentos de su vida, particularmente durante los **periodos de impureza ritual**. Durante la menstruación, las mujeres eran consideradas "impuras" desde una perspectiva ritual, y se les prohibía participar en sacrificios o entrar en los espacios sagrados del hogar, como el área donde se mantenía el fuego de Agni. Esta prohibición temporal, mencionada en los **Grihya Sutras** y otros textos, reforzaba la idea de que el ciclo menstrual era incompatible con la pureza necesaria para realizar los ritos védicos. Aunque este tipo de restricciones estaban alineadas con las creencias rituales sobre la pureza, también limitaban la participación continua de las mujeres en los sacrificios.

Además de los periodos de impureza relacionados con la menstruación, las leyes rituales también restringían el acceso de las mujeres a ciertos conocimientos sagrados. Mientras que algunas rishikas, como **Lopamudra** o **Vak Ambhrini**, desafiaron estas normas y se destacaron como poetas y autoras de himnos védicos, las leyes establecían que las mujeres en general no debían estudiar los **Vedas** de la misma manera que los hombres. Este **exclusivismo educativo** limitaba el acceso formal de las mujeres a la enseñanza védica, aunque, en la práctica, muchas mujeres absorbían y transmitían conocimientos rituales a través de la participación directa en los ritos y a través de la tradición oral.

En el **Upanayana**, el rito de iniciación que marcaba el inicio de la educación védica para los jóvenes varones, las mujeres estaban excluidas. Mientras que los hombres jóvenes recibían el cordón sagrado y comenzaban su estudio formal de los Vedas, las mujeres no participaban en este tipo de ceremonias, lo que formalizaba la **separación educativa** entre hombres y mujeres. Sin embargo, cabe señalar que en el ámbito doméstico, las mujeres seguían desempeñando un papel crucial en la transmisión de las tradiciones y enseñanzas religiosas, especialmente en lo que respecta a los ritos cotidianos y la preservación del dharma en el hogar.

Otro aspecto importante de las leyes rituales que afectaba a las mujeres era su relación con el **matrimonio** y el **estado conyugal**. El matrimonio se consideraba un estado indispensable para que las mujeres participaran plenamente en los sacrificios, ya que las esposas actuaban como ayudantes rituales de sus maridos. Las mujeres solteras o viudas enfrentaban restricciones significativas en su participación en los rituales públicos, ya que no podían ocupar el rol de esposa del yajamana, que era central en muchos sacrificios. Las **viudas**, en particular, enfrentaban estigmas sociales y restricciones adicionales en los ritos, debido a la percepción de que, sin su esposo, su conexión con el dharma y el ámbito ritual se veía debilitada.

Por otro lado, las leyes rituales también proporcionaban protecciones y derechos a las mujeres en ciertos aspectos de la vida religiosa. Por ejemplo, en el ámbito doméstico, las mujeres tenían un control considerable sobre los ritos que se realizaban dentro del hogar, especialmente en relación con los ritos de fertilidad y purificación. Las mujeres eran las encargadas de los rituales diarios y de la **mantención del fuego sagrado**, lo que les otorgaba una autoridad espiritual dentro de su familia y comunidad. En este sentido, a pesar de las restricciones impuestas por las leyes rituales, las mujeres conservaban un poder significativo en la **práctica religiosa cotidiana**.

En los ritos relacionados con la **maternidad** y la **fertilidad**, las mujeres también ocupaban un lugar destacado. El **Simantonnayana** y el **Pumsavana**, ritos que se realizaban durante el embarazo para proteger al feto y asegurar la salud de la madre, se centraban en la mujer como receptora de las bendiciones divinas. En estos casos, las leyes rituales reconocían a la mujer como el centro del proceso ritual, y su participación no solo era bienvenida, sino esencial.

Mujeres como participantes activas y facilitadoras en el plano espiritual

A pesar de las restricciones impuestas por las leyes rituales y las limitaciones establecidas en los textos védicos, las mujeres desempeñaron un papel esencial como **participantes activas** y **facilitadoras** en el plano espiritual de la tradición védica. Su participación no se limitaba simplemente a los roles asignados por las normas patriarcales, sino que, a través de su sabiduría, devoción y capacidad para realizar ciertos ritos, las mujeres encontraron formas de influir profundamente en la vida espiritual y religiosa, tanto dentro del hogar como en la comunidad en general.

Uno de los aspectos más importantes del poder espiritual de las mujeres es su **capacidad para mediar** entre el mundo humano y el divino, una función que queda clara en su papel en los **ritos domésticos**. Las mujeres eran responsables de mantener el **fuego sagrado** en el hogar, un acto que era esencial no solo para la continuidad de los rituales diarios, sino también para el mantenimiento del equilibrio espiritual dentro de la familia. El cuidado del fuego de Agni, símbolo de purificación y mediación entre los dioses y los humanos, colocaba a las mujeres en una posición de poder espiritual, donde su diligencia y devoción aseguraban la correcta realización de los sacrificios.

Las mujeres también eran vistas como **portadoras de bendiciones y mediadoras de la fertilidad**, un poder que era especialmente evidente en los ritos de nacimiento, embarazo y crianza. En el ámbito doméstico, las mujeres desempeñaban un rol fundamental en los **rituales de fertilidad**, como el **Pumsavana** o el **Simantonnayana**, donde se invocaban las bendiciones de los dioses para asegurar la salud de los futuros hijos y el bienestar de la familia. A través de estos ritos, las mujeres no solo participaban, sino que facilitaban la continuidad del **dharma** familiar y comunitario. Este rol era crucial en una sociedad que veía la fertilidad como una bendición divina y la continuidad de la familia como un deber sagrado.

A nivel de la **transmisión del conocimiento espiritual**, las mujeres también jugaron un papel vital. Aunque las leyes védicas excluían formalmente a las mujeres de la educación védica tradicional y del estudio de los textos sagrados, muchas mujeres adquirieron conocimientos a través de la **transmisión oral** y su participación en los rituales familiares. Dentro del contexto doméstico, las madres y abuelas eran las encargadas de enseñar los principios del dharma a las generaciones más jóvenes, inculcando en ellas los valores y prácticas rituales necesarios para mantener el orden cósmico. A través de la recitación de mantras y la instrucción en los rituales cotidianos, las mujeres transmitían su sabiduría espiritual, asegurando la continuidad de las prácticas religiosas.

En los **ritos funerarios** y los **rituales de purificación**, las mujeres también jugaban un papel facilitador clave. Aunque los hombres solían dirigir los ritos funerarios, las mujeres ayudaban en la preparación del cuerpo para la cremación y realizaban oraciones y ofrendas destinadas a guiar al alma del difunto en su transición al más allá. En el contexto del ritual de **Shraddha**, una ceremonia para honrar a los antepasados, las mujeres realizaban oraciones en nombre de sus familiares fallecidos, asegurando que el ciclo de nacimiento, muerte y renacimiento se mantuviera en equilibrio. Estas prácticas reflejan cómo las mujeres, a través de su conexión con la familia y su devoción, facilitaban la **armonía entre los vivos y los muertos**.

Además, en la **esfera espiritual más elevada**, algunas mujeres védicas lograron trascender las limitaciones impuestas por las leyes rituales y se convirtieron en **rishikas** (sabias y poetas) que componían himnos védicos. Figuras como **Lopamudra**, **Ghosha** y

Vak Ambhrini fueron capaces de alcanzar un estatus espiritual elevado, no solo participando en los rituales, sino también contribuyendo directamente al cuerpo de conocimiento sagrado de los Vedas. Estas mujeres no eran simplemente facilitadoras del dharma, sino creadoras de conocimiento espiritual, cuyas composiciones aún resuenan en la tradición védica. A través de sus himnos y enseñanzas, demostraron que el poder espiritual de las mujeres podía ser igual al de los hombres, y que la búsqueda del conocimiento trascendental no estaba restringida por el género.

Otro ejemplo de mujeres como facilitadoras en el plano espiritual se encuentra en los relatos de la **reina Gautami** y la **sabia Sulabha**, quienes, según los textos épicos y puránicos, alcanzaron un alto nivel de conocimiento espiritual y lograron influir en las decisiones de los reyes y los eruditos de su tiempo. La historia de Sulabha, en particular, es emblemática, ya que se describe cómo, a través de su profundo conocimiento del yoga y la filosofía, debatió con el rey Janaka, mostrándole la verdadera naturaleza del **atman** (alma) y el **Brahman** (realidad última). Este tipo de relatos subraya que las mujeres, cuando ejercían su conocimiento espiritual y filosófico, podían actuar como **consejeras espirituales** y facilitadoras del dharma en el ámbito político y social.

En muchos casos, las mujeres también facilitaban la **armonización de los rituales** en tiempos de crisis o cambio. La historia de **Savitri**, quien desafió al dios de la muerte, Yama, para recuperar a su esposo Satyavan, es un poderoso ejemplo del poder espiritual de las mujeres para interceder en situaciones límite y restablecer el orden cósmico. Savitri, a través de su devoción y sabiduría, no solo rescató a su esposo, sino que también se convirtió en un símbolo de la capacidad femenina para cambiar el destino a través de la fuerza espiritual. Su historia refleja cómo las mujeres, en momentos críticos, podían actuar como **agentes de transformación** espiritual, influyendo directamente en el curso de los eventos y garantizando el mantenimiento del dharma.

CAPÍTULO 4: MATERNIDAD Y FERTILIDAD: ASPECTOS DIVINOS Y TERRENALES

Aditi y Diti: Madres de los dioses y los asuras

En la tradición védica, la maternidad está profundamente entrelazada con la creación del cosmos y el mantenimiento del orden cósmico. Las diosas Aditi y Diti representan dos fuerzas fundamentales en esta cosmología: ambas son madres divinas que engendran a seres poderosos, pero sus descendientes se sitúan en polos opuestos de la creación. A través de ellas, se revela el poder creativo y dual de la maternidad, que no solo da vida a los dioses que preservan el orden, sino también a las fuerzas que desafían ese mismo equilibrio.

Aditi, cuyo nombre significa "sin límites" o "infinita", es la **madre cósmica** de los **Adityas**, los dioses solares y celestiales encargados de mantener el **rta** (orden cósmico). Aditi es vista como una de las deidades primordiales del Rig Veda, personificando el principio femenino cósmico que sostiene el universo. Su función como madre de los Adityas, entre los que se encuentran dioses como **Varuna**, **Mitra**, y **Indra**, la convierte en una figura central para el bienestar del cosmos. Los Adityas, bajo su protección, gobiernan las leyes del cielo y la moralidad, asegurando que el dharma se mantenga tanto en los cielos como en la tierra.

Aditi no solo es la madre de estos dioses protectores, sino también la diosa que encarna la **libertad** y la **prosperidad**. Como madre de los dioses, se le asocia con la fertilidad y el crecimiento, ya que su capacidad para dar vida refleja el ciclo eterno de creación y regeneración en el universo. Su maternidad va más allá de lo físico, ya que se relaciona con la **creación cósmica** misma: Aditi es tanto la madre que engendra como el principio que abarca todo lo que existe. Se le invoca en los **yajñas** (sacrificios) y en los rituales de fertilidad para garantizar la **abundancia** y el **equilibrio cósmico**, lo que la convierte en una figura esencial tanto en la religión como en la vida cotidiana.

Por otro lado, **Diti**, hermana de Aditi, desempeña un papel contrastante en la cosmología védica. Mientras que Aditi es la madre de los dioses que mantienen el orden, Diti es la madre de los **asuras**, los seres que representan las fuerzas del caos y la desobediencia al orden divino. Los hijos de Diti, conocidos como **Daityas**, incluyen figuras como **Hiranyaksha** y **Hiranyakashipu**, seres poderosos que a menudo desafían a los dioses y ponen a prueba el equilibrio cósmico. En este sentido, Diti representa el aspecto oscuro de la maternidad, donde el poder de la creación también puede dar lugar a fuerzas que amenazan el orden.

Diti, aunque madre de los asuras, no es una figura maligna en sí misma. Al igual que su hermana Aditi, también encarna el **poder creativo**, pero su descendencia se sitúa en el lado opuesto del cosmos, desafiando a los dioses y las leyes cósmicas. Esto subraya un aspecto importante de la cosmología védica: el **dualismo** inherente en la creación, donde el orden y el caos son necesarios para mantener el equilibrio del universo. La maternidad, en este sentido, no se limita a la creación de fuerzas benévolas, sino que también puede dar lugar a entidades que desempeñan un papel en la disolución o el desafío del orden establecido.

La tensión entre Aditi y Diti no solo refleja el conflicto cósmico entre los **devas** (dioses) y los **asuras**, sino también una idea más profunda sobre la naturaleza de la creación en la cosmología védica. Aditi, como madre de los dioses, representa la **estabilidad** y la **prosperidad**, mientras que Diti, como madre de los asuras, simboliza el **caos** y la **destrucción**. Sin embargo, ambos aspectos son necesarios en el ciclo cósmico, ya que el universo védico se concibe como un ciclo constante de creación, mantenimiento y disolución. Este equilibrio entre fuerzas opuestas subraya que la maternidad en la tradición védica es un **poder divino** capaz de generar tanto la preservación como el desafío del orden.

El poder de la maternidad, encarnado en las figuras de Aditi y Diti, se refleja no solo en los mitos védicos, sino también en la vida diaria y los rituales de la sociedad védica, donde la **fertilidad** y la **procreación** eran vistas como actos sagrados que conectaban a las mujeres con las energías divinas. En este contexto, la maternidad no es simplemente un rol biológico, sino un proceso que involucra fuerzas cósmicas que afectan el destino del universo mismo.

La conexión de la mujer con la tierra y la fertilidad en la cosmología védica

En la tradición védica, las mujeres están estrechamente vinculadas con la **fertilidad** y la **tierra**, dos principios fundamentales que aseguran la continuidad de la vida y la estabilidad del cosmos. La figura de la mujer se ve reflejada en la tierra, que es venerada como la **madre universal** que nutre, sostiene y protege a todos los seres. Esta conexión profunda entre la mujer y la fertilidad no solo es biológica, sino también espiritual y cósmica, con implicaciones que atraviesan tanto los rituales religiosos como las creencias sobre la naturaleza de la creación y el mantenimiento del **rta** (orden cósmico).

La **diosa Prithvi**, personificación de la tierra, es un símbolo central de esta relación entre la mujer y la naturaleza en la cosmología védica. Como madre tierra, Prithvi representa la fuente de toda vida, el suelo fértil donde crecen las plantas, y la base sobre la cual todos los seres encuentran sustento. En muchos himnos del **Rig Veda**, Prithvi es invocada junto a **Dyaus**, el cielo, como la pareja primordial que da origen al cosmos. Esta dualidad entre el cielo masculino y la tierra femenina refleja la interdependencia entre lo espiritual y lo material, donde la tierra, como la mujer, es la receptora de la energía celestial y la manifestadora de la vida.

La **fertilidad** de la tierra está estrechamente conectada con la **capacidad de las mujeres para engendrar vida**, lo que convierte a la maternidad en un poder sagrado. En los rituales védicos, se hacen ofrendas a la tierra para asegurar buenas cosechas y prosperidad, y estas ceremonias a menudo involucran la participación de las mujeres como las guardianas del hogar y de la **fertilidad familiar**. La mujer, al igual que la tierra, es vista como una **fuente de abundancia** y una fuerza que garantiza la continuidad de la vida en todas sus formas.

Este concepto se refleja también en los **rituales de fertilidad**, donde se invocan a las diosas y a las fuerzas naturales para bendecir a las mujeres con la capacidad de concebir y dar a luz. El papel de las mujeres en estos rituales no es simplemente pasivo; son vistas como **mediadoras** entre el mundo humano y el divino, capaces de canalizar las bendiciones cósmicas que aseguran la prosperidad de la familia y la comunidad. En este sentido, las mujeres no solo están vinculadas con la tierra en su rol de madres biológicas, sino también en su capacidad de mantener el equilibrio espiritual del cosmos a través de su relación con las energías de la creación.

La conexión entre las mujeres y la fertilidad también se manifiesta en la importancia de las **diosas** que representan la **procreación** y la **abundancia**. Aparte de **Prithvi**, otras diosas como **Sarasvati** y **Lakshmi** están asociadas con el flujo de la vida y la prosperidad, tanto en términos de conocimiento y sabiduría como de riqueza material. **Sarasvati**, por ejemplo, representa el **río** como fuente de vida y purificación, y su conexión con el agua la vincula con la fertilidad y el ciclo natural de creación. **Lakshmi**, por otro lado, es la diosa de la riqueza y la abundancia, invocada para garantizar la prosperidad en el hogar, que es otro reflejo del poder creador de las mujeres como fuerzas de sustentación y crecimiento.

Los **rituales agrícolas** en los que la tierra es honrada por su capacidad de proporcionar alimentos también reflejan esta conexión simbólica entre la mujer y la tierra. En la tradición védica, los agricultores ofrecían sacrificios a Prithvi para asegurar buenas cosechas, y las mujeres jugaban un papel importante en estos rituales. Las ceremonias de **siembra** y **cosecha** a menudo involucraban a las mujeres, cuya participación se consideraba auspiciosa para atraer las bendiciones de la fertilidad de la tierra. La labor de preparar la tierra y cuidar de las cosechas era vista como un acto sagrado, alineado con el rol de las mujeres como **nutridoras** y **protectores** de la vida.

La tierra, como la mujer, no solo da vida, sino que también tiene el poder de **recibir** y **transformar**. Al igual que la tierra puede recibir las semillas y transformarlas en frutos, las mujeres también son vistas como recipientes del poder creativo divino, capaces de engendrar vida y perpetuar la existencia. Esta conexión se extiende más allá del ámbito físico, hacia lo espiritual: en la cosmovisión védica, tanto la mujer como la tierra son vistas como fuerzas que deben ser honradas, respetadas y cuidadas, ya que son las **fuentes de toda creación**.

Además, la capacidad de la tierra para regenerarse y nutrir, a pesar de las dificultades y los ciclos de destrucción, es un reflejo del **poder resiliente** de las mujeres en la tradición védica. Así como la tierra se recupera de los desastres naturales y continúa proporcionando vida, las mujeres, a través de su conexión con la fertilidad, son vistas como agentes de **renovación y transformación**. Su rol en los rituales de fertilidad, en los sacrificios domésticos y en el mantenimiento del fuego sagrado subraya su poder espiritual y su capacidad para influir en el destino de la familia y la comunidad a través de su relación con las fuerzas de la naturaleza.

Rituales de fertilidad y su impacto en la vida de las mujeres védicas

En la tradición védica, los **rituales de fertilidad** tenían un lugar destacado en la vida religiosa y social, ya que la fertilidad era vista como un don divino que aseguraba la continuidad de la familia, la prosperidad de la comunidad y el equilibrio cósmico. Estos rituales no solo buscaban garantizar la **fecundidad biológica**, sino también el bienestar espiritual y material. Las mujeres, como portadoras de vida, eran el **foco central** de estos rituales, y su participación activa era vista como esencial para atraer las bendiciones de las deidades que presidían la fertilidad y la procreación.

Uno de los rituales más importantes relacionados con la fertilidad es el **Pumsavana**, que se realizaba durante los primeros meses del embarazo, normalmente en el tercer mes. Este rito tenía como objetivo asegurar que la mujer concibiera un hijo varón, quien era considerado necesario para la continuidad del linaje familiar y la realización de los ritos funerarios en honor a los ancestros. Durante este ritual, la mujer embarazada bebía una mezcla de hierbas medicinales mientras se recitaban mantras específicos dirigidos a las deidades de la fertilidad, como **Prajapati** y **Indra**, para proteger al feto y garantizar su buen desarrollo. La mujer era el foco principal de este rito, y su participación activa demostraba la importancia de su **papel reproductivo** en la preservación del dharma familiar.

El **Simantonnayana**, un ritual que se realizaba durante el séptimo mes de embarazo, es otro ejemplo significativo de los ritos de fertilidad. Este rito tenía un carácter más protector que el Pumsavana, y su propósito principal era asegurar la **salud física y emocional** de la madre y el feto. El esposo o un sacerdote pasaba un peine por el cabello de la mujer embarazada, mientras se recitaban mantras que invocaban la protección de las deidades, como **Agni** y **Soma**. Este ritual subrayaba la necesidad de proteger a la mujer durante el delicado proceso del embarazo y aseguraba que el parto fuera auspicioso. La participación de la mujer en este rito reafirmaba su importancia como **canal divino** a través del cual la vida se traía al mundo, y el ritual en sí simbolizaba la unión entre lo terrenal y lo divino.

Otro rito clave relacionado con la fertilidad es el **Garbha-dana**, un sacrificio que se realizaba justo antes de la concepción, con la intención de invocar la ayuda de las deidades para bendecir el proceso de procreación. Este rito, que marcaba el comienzo de la vida familiar, estaba destinado a asegurar que la unión entre esposo y esposa produjera descendencia saludable y auspiciosa. Aunque el esposo lideraba el sacrificio, la mujer era esencial en este rito, ya que representaba el receptáculo divino a través del cual las deidades otorgaban el don de la vida.

Además de los rituales formales como el Pumsavana y el Simantonnayana, las mujeres védicas participaban activamente en **rituales agrícolas**, que también estaban estrechamente relacionados con la fertilidad. En estos rituales, que celebraban la siembra y la cosecha, las mujeres ofrecían oraciones y sacrificios a la **tierra** y a las **deidades agrícolas** para asegurar la abundancia y la fecundidad del suelo. La **tierra** era vista como una manifestación de lo femenino, y las mujeres, al participar en estos ritos, actuaban como intermediarias entre la comunidad y las fuerzas de la naturaleza. Su capacidad para nutrir la vida, tanto biológicamente como espiritualmente, se reflejaba en estos rituales que vinculaban la fertilidad humana con la fertilidad de la tierra.

El impacto de estos rituales de fertilidad en la vida de las mujeres védicas iba más allá de la mera participación ritualística. Estos ritos reforzaban la **identidad femenina** en la sociedad védica como portadoras de vida y agentes del dharma. La **maternidad** y la **fertilidad** no solo eran vistas como un aspecto biológico de las mujeres, sino como una función sagrada que conectaba a las mujeres con las fuerzas cósmicas y las deidades que regían el orden del universo. A través de su participación en estos rituales, las mujeres adquirían una posición central en la estructura espiritual y social de la sociedad védica, ya que eran vistas como **mediadoras del poder divino** que aseguraba la prosperidad de la familia y la comunidad.

Sin embargo, esta centralidad en los rituales de fertilidad también traía consigo ciertas presiones y expectativas. La capacidad de una mujer para concebir y dar a luz era vista como una responsabilidad sagrada, y las mujeres que no podían tener hijos a menudo enfrentaban un **estigma social** considerable. En una sociedad donde la fertilidad estaba directamente ligada al bienestar colectivo y la continuidad del linaje, la incapacidad para procrear podía llevar a la marginalización o al aislamiento. Los rituales de fertilidad, aunque diseñados para invocar bendiciones y protección, también reflejaban las **expectativas culturales** sobre la maternidad, lo que añadía un elemento de presión sobre las mujeres para cumplir con su rol como madres.

Además, estos rituales eran vistos como formas de asegurar el **orden cósmico** a través de la fertilidad, y la participación de las mujeres en ellos subrayaba su papel como **guardianas del equilibrio espiritual**. Las mujeres no solo eran responsables de traer nuevas vidas al mundo, sino que también actuaban como facilitadoras del bienestar cósmico. La fecundidad femenina no era solo una cuestión biológica, sino una **manifestación del rta**, el principio de orden cósmico que mantenía el universo en equilibrio. Así, a través de los rituales de fertilidad, las mujeres se conectaban con las fuerzas divinas que aseguraban la prosperidad y la continuidad del ciclo de la vida.

La maternidad como un rol sagrado y espiritual en la sociedad védica

En la tradición védica, la **maternidad** no era solo una función biológica, sino un **rol sagrado** y profundamente **espiritual** que conectaba a las mujeres con las fuerzas cósmicas y divinas. Ser madre no solo significaba dar vida, sino también actuar como **protectora y cuidadora** del dharma, el orden cósmico que gobernaba tanto la sociedad como el universo. A través de la maternidad, las mujeres védicas se convertían en agentes de la **continuidad espiritual** y moral, jugando un papel central en la transmisión del conocimiento religioso, la preservación de las tradiciones y la sostenibilidad del equilibrio cósmico.

El concepto de la maternidad como un rol espiritual tiene sus raíces en la misma cosmología védica. Las figuras divinas como **Aditi**, la madre de los dioses, encarnan la capacidad femenina de crear y sostener el universo. Aditi no solo da a luz a los **Adityas**, dioses protectores del orden cósmico, sino que también representa el principio **creativo y nutritivo** que sostiene el equilibrio del cosmos. Como madre de los dioses, Aditi encarna la **maternidad cósmica**, un arquetipo que define la maternidad en la sociedad védica como un acto divino, en el que la mujer no solo trae vida al mundo, sino que también garantiza el bienestar espiritual y moral de sus hijos y, por extensión, de la comunidad y el cosmos.

Este rol de la mujer como **madre sagrada** se reflejaba en numerosos rituales y ceremonias que reconocían la importancia de la maternidad para el dharma. Las madres eran responsables de **transmitir valores religiosos** y espirituales a sus hijos, especialmente en el ámbito doméstico. Aunque los hombres a menudo ocupaban los roles de sacerdotes y sacrificantes en los grandes rituales públicos, las madres actuaban como **sacerdotisas del hogar**, enseñando a sus hijos los principios del dharma, la importancia de los rituales cotidianos y la necesidad de vivir en armonía con el **rta** (orden cósmico). La capacidad de las madres para inculcar estos valores garantizaba la continuidad del dharma y aseguraba que las futuras generaciones crecieran en un entorno espiritual y moralmente íntegro.

La importancia de la maternidad en la sociedad védica se ve también en la veneración de diosas asociadas con la fertilidad y la maternidad, como **Prithvi** (la diosa de la tierra), **Lakshmi** (la diosa de la prosperidad) y **Parvati** (la madre divina). Estas deidades no solo representan la capacidad de las mujeres para dar vida, sino también su papel como **guardianas de la abundancia**, el bienestar y la moralidad. La devoción a estas diosas subraya el respeto por la maternidad como una función sagrada, donde las mujeres no solo engendran vida, sino que también garantizan la prosperidad de sus familias y comunidades a través de su conexión con las fuerzas divinas.

La maternidad en la tradición védica también está vinculada con el concepto de **protección**. Así como las diosas madres protegen a sus hijos de las fuerzas del caos, las madres humanas en la sociedad védica eran vistas como las **protectoras** no solo de sus hijos, sino también del **dharma familiar**. Esto se reflejaba en los ritos de paso, como el **Upanayana**, el ritual de iniciación védica, donde la madre jugaba un papel fundamental en la preparación espiritual de su hijo antes de que este comenzara su formación en los estudios védicos. Aunque el padre desempeñaba el rol formal de instructor en los Vedas, la madre proporcionaba la **base moral y emocional** sobre la cual se construía el futuro espiritual del niño.

Además, la **maternidad espiritual** no se limitaba solo a las relaciones biológicas. En la tradición védica, algunas mujeres asumían roles de **guía espiritual** o protectora para aquellos que no eran sus hijos biológicos. Las **gurus** o **rishikas** (sabias védicas) podían actuar como madres espirituales, proporcionando enseñanza y guía a sus discípulos, transmitiendo conocimiento y sabiduría espiritual de generación en generación. Este tipo de maternidad espiritual reforzaba la idea de que la capacidad de nutrir y proteger no estaba restringida únicamente al ámbito familiar, sino que tenía un alcance mucho más amplio en la comunidad espiritual.

Por otro lado, el **cuidado y el sacrificio** asociados con la maternidad también se consideraban parte de su rol sagrado. En la sociedad védica, la madre debía nutrir y proteger a sus hijos, pero también tenía la responsabilidad de **sacrificarse por su bienestar**, tanto físico como espiritual. Esta noción de sacrificio materno está presente en los textos védicos, donde las madres son celebradas por su capacidad de **renunciar a sus propios deseos** en favor de sus hijos y su familia. Este sacrificio era visto como un reflejo de los mismos principios que regían el **yajña** (sacrificio ritual), en el que la ofrenda al fuego representaba un acto de renuncia que aseguraba el bienestar cósmico. Así, la maternidad no solo era un rol de creación, sino también de **ofrenda y renuncia**, lo que la convertía en un aspecto central del dharma femenino.

La maternidad también implicaba una **responsabilidad ética** hacia los hijos y la comunidad. En la tradición védica, los hijos eran vistos como una **extensión del dharma de los padres**, y la madre era responsable de asegurarse de que sus hijos crecieran para convertirse en personas morales, responsables y espiritualmente conscientes. Esto significaba que la maternidad no solo consistía en el cuidado físico, sino también en el desarrollo de la **integridad moral y espiritual** de los hijos, que debían seguir el camino del dharma en sus vidas.

En resumen, la maternidad en la sociedad védica era vista como un rol **sagrado y espiritual**, profundamente conectado con las fuerzas cósmicas y el mantenimiento del dharma. Las madres no solo eran responsables de traer nueva vida al mundo, sino que también actuaban como **protectoras del dharma** y transmisoras del conocimiento espiritual. A través de su conexión con las deidades maternales y su papel en los rituales y la vida doméstica, las mujeres védicas encarnaban el poder de la **creación, protección y sacrificio**, asegurando el bienestar de sus familias y la preservación del equilibrio cósmico. La maternidad, por tanto, era más que una función biológica; era una **manifestación del poder divino** en la tierra, donde las mujeres actuaban como **agentes del orden cósmico**.

CAPÍTULO 5: INTERPRETACIONES MODERNAS DE LAS FIGURAS FEMENINAS VÉDICAS

El renacimiento de las diosas védicas en el hinduismo contemporáneo

En el hinduismo contemporáneo, ha habido un renacimiento y una reinterpretación de las figuras femeninas védicas, especialmente de las diosas que fueron veneradas en los Vedas como símbolos del poder creativo, la sabiduría y la fertilidad. A través de los siglos, estas diosas han evolucionado y adquirido nuevos significados en la vida religiosa y cultural de la India moderna, donde sus atributos se han ampliado para resonar con las preocupaciones y aspiraciones espirituales de los tiempos actuales. Este renacimiento de las diosas védicas refleja la continuidad de la tradición, así como su capacidad para adaptarse a los cambios sociales, políticos y religiosos del mundo moderno.

Una de las figuras más significativas que ha mantenido su relevancia es **Sarasvati**, la diosa del conocimiento, la sabiduría y las artes. Aunque sus orígenes en los Vedas la presentan como una deidad asociada con el río Sarasvati y el poder de la palabra sagrada (**Vak**), en el hinduismo contemporáneo, Sarasvati ha adoptado un papel central como **patrona de la educación** y las **artes**. En la actualidad, Sarasvati es venerada por estudiantes, académicos y artistas, quienes buscan su bendición para alcanzar la sabiduría, la creatividad y el éxito intelectual. El festival de **Vasant Panchami**, dedicado a Sarasvati, es una de las celebraciones más importantes en su honor, donde las personas le rinden homenaje para obtener claridad mental y talento en sus esfuerzos educativos y creativos.

En la India moderna, Sarasvati se ha convertido en un **símbolo del empoderamiento intelectual femenino**. En un contexto donde la educación de las mujeres ha ganado más protagonismo, Sarasvati representa no solo la búsqueda del conocimiento, sino también el **poder transformador de la educación** para las mujeres. Muchas iniciativas educativas en la India contemporánea están dedicadas a Sarasvati, lo que subraya cómo su figura védica se ha adaptado a un nuevo entorno cultural y social. De este modo, Sarasvati sigue siendo una fuente de inspiración para mujeres que buscan un lugar en el mundo académico, científico y artístico, desafiando los estereotipos de género tradicionales.

Otra diosa védica que ha experimentado un resurgimiento en el hinduismo contemporáneo es **Ushas**, la diosa del amanecer. Aunque su culto no es tan prominente como el de Sarasvati, Ushas ha sido reinterpretada como una **símbolo de renovación y esperanza**, lo que la conecta con movimientos espirituales modernos que buscan despertar la **conciencia interior**. En la filosofía védica, Ushas es celebrada por su capacidad para disipar la oscuridad y traer la luz, tanto literal como metafóricamente, un simbolismo que sigue siendo relevante en la India actual. En el contexto de la espiritualidad contemporánea, Ushas es vista como una fuerza que representa los **nuevos comienzos**, la **superación de los obstáculos** y la **iluminación espiritual**, valores que resuenan con quienes buscan renovación en sus vidas personales y espirituales.

Además de Sarasvati y Ushas, otras figuras femeninas védicas como **Aditi**, la madre cósmica, y **Prithvi**, la diosa de la tierra, también han mantenido su relevancia. **Aditi**, en su papel de madre de los dioses y personificación de la libertad e infinitud, sigue siendo un símbolo de **abundancia** y **prosperidad**. En la India moderna, se la invoca en rituales para pedir bienestar familiar y éxito, siendo percibida como una deidad que garantiza la **protección** y la **provisión** de las necesidades materiales y espirituales. Del mismo modo, **Prithvi**, como la deidad de la tierra, ha adquirido una mayor relevancia en el contexto de los movimientos ecológicos, donde se la venera como una figura que simboliza la **naturaleza** y la **protección del medio ambiente**. En un tiempo de creciente preocupación por la crisis ambiental, Prithvi ha sido revalorizada como un **arquetipo de la madre tierra**, lo que refleja una reinterpretación moderna que conecta lo espiritual con lo ecológico.

El **resurgimiento** de estas diosas no solo responde a una necesidad de continuidad con el pasado védico, sino que también refleja un **diálogo cultural** que se adapta a las inquietudes contemporáneas. Estas deidades femeninas se han convertido en símbolos de empoderamiento, renovación y preservación, no solo para las mujeres, sino también para toda la sociedad hindú. Los valores que encarnan—como la sabiduría, la protección de la naturaleza, la prosperidad y la creatividad—resuenan con los desafíos del mundo moderno, demostrando cómo las figuras femeninas védicas continúan evolucionando para servir como **fuentes de inspiración espiritual y moral**.

Este renacimiento también está vinculado a los movimientos espirituales contemporáneos que promueven la **devoción a lo femenino divino**, reconociendo la importancia de honrar las energías femeninas tanto en la religión como en la vida cotidiana. En estos movimientos, las diosas védicas se ven como manifestaciones de la **Shakti**, el principio femenino universal que sostiene y dinamiza el cosmos. La integración de las diosas védicas en el marco de **cultos devocionales modernos** pone de relieve la centralidad del poder femenino en el hinduismo contemporáneo, un fenómeno que refleja la capacidad de la tradición védica para renovarse y mantenerse relevante.

La reinterpretación de las rishikas en el feminismo hindú

En el marco del **feminismo hindú contemporáneo**, las figuras de las **rishikas** (sabias y poetas védicas) han adquirido un nuevo significado como símbolos de **empoderamiento femenino** y de la importancia de las mujeres en la vida espiritual y filosófica de la India antigua. La revalorización de las rishikas en los movimientos feministas y académicos de hoy busca destacar que, desde los tiempos védicos, las mujeres han tenido un **rol activo** en la creación y transmisión del conocimiento sagrado, desafiando la percepción de que la espiritualidad en el hinduismo antiguo estaba exclusivamente dominada por los hombres.

Las rishikas, como **Lopamudra**, **Ghosha**, **Vak Ambhrini**, y otras, son presentadas en los Vedas como **videntes** y **poetas** que no solo participaban en los rituales, sino que también componían himnos y mantenían diálogos filosóficos con los rishis masculinos. En la actualidad, el **feminismo hindú** se ha apropiado de estas figuras para subrayar que las mujeres, a lo largo de la historia, han tenido la capacidad de participar plenamente en los aspectos más elevados del conocimiento espiritual y religioso, a pesar de las restricciones impuestas por las normas sociales posteriores.

Uno de los ejemplos más emblemáticos de rishikas reinterpretadas en el contexto moderno es el de **Lopamudra**, esposa del sabio Agastya. En los Vedas, Lopamudra no solo es mencionada como su compañera, sino también como una

poeta y **sabia** en su propio derecho, que participa en diálogos filosóficos profundos. En uno de los himnos del **Rig Veda**, se describe una conversación entre Lopamudra y Agastya sobre la naturaleza de la espiritualidad y el equilibrio entre la vida mundana y la vida ascética. En este diálogo, Lopamudra defiende la importancia de la **unidad conyugal** y los aspectos terrenales de la vida, destacando la necesidad de **armonizar** la espiritualidad con las relaciones humanas. El feminismo hindú contemporáneo ha resaltado a Lopamudra como una **pionera** del pensamiento filosófico femenino, afirmando que las mujeres siempre han sido participantes activas en la búsqueda del **conocimiento** y la **verdad**.

Otro ejemplo importante es **Vak Ambhrini**, una rishika a la que se le atribuye uno de los himnos más profundos del Rig Veda: el **Himno de la Palabra** (Rig Veda 10.125). En este himno, Vak, personificada por Ambhrini, proclama su poder como la **palabra sagrada** que sostiene y crea el universo. Vak Ambhrini habla en primera persona, afirmando su rol como la fuente de toda creación y poder divino. Este himno ha sido revalorizado por los académicos feministas como una afirmación del **poder femenino** y del **principio creativo** inherente en las mujeres, un aspecto central en la visión del feminismo hindú contemporáneo. Vak Ambhrini es vista como un ejemplo de cómo las mujeres no solo participaban en los rituales védicos, sino que también se erigían como **manifestaciones vivas del poder cósmico**.

La reinterpretación de las rishikas también se ha centrado en su rol como **modelos de liderazgo espiritual**. En una sociedad védica donde los roles de poder religioso solían estar en manos de los hombres, las rishikas representan una **excepción histórica** que demuestra que las mujeres podían alcanzar altos niveles de sabiduría y respeto espiritual. Las feministas hindúes actuales han rescatado a estas figuras para mostrar que el **patriarcado** que llegó a dominar en épocas posteriores no es un reflejo de los principios originales del hinduismo, donde la participación femenina en la vida espiritual era reconocida y valorada. Esta reinterpretación busca corregir la visión sesgada que limita el papel de las mujeres en la religión y enfatiza su **contribución intelectual y espiritual**.

La figura de **Ghosha**, una rishika que componía himnos en los que suplicaba por la **curación** y la **plenitud**, también ha sido retomada por los movimientos feministas como un ejemplo del poder de las mujeres para invocar lo divino en situaciones de **sufrimiento** y **adversidad**. Aunque Ghosha sufrió de lepra, sus himnos a los dioses gemelos **Ashvins**, deidades sanadoras, la presentan como una mujer llena de fe y poder espiritual que, a través de su poesía, logra superar sus circunstancias. Ghosha es interpretada en el contexto moderno como un símbolo de **resiliencia** y **empoderamiento espiritual**, representando la capacidad de las mujeres para encontrar fuerza y significado a través de la devoción, incluso en los momentos más difíciles.

El **feminismo hindú** también ha explorado cómo la tradición de las rishikas ofrece un **contrapeso** al patriarcado que llegó a predominar en el hinduismo en épocas posteriores, especialmente durante el periodo de los **Dharmashastras**, que restringieron el papel de las mujeres en la vida religiosa y educativa. La existencia de las rishikas es una prueba histórica de que las mujeres podían alcanzar un **estatus intelectual y espiritual** significativo, y su redescubrimiento ha permitido a las mujeres hindúes modernas reconectarse con una **herencia de sabiduría** que estaba presente desde los tiempos védicos.

En los movimientos feministas contemporáneos, las rishikas también son vistas como figuras que inspiran el **diálogo intergeneracional** sobre el poder espiritual de las mujeres. En la India actual, cada vez más mujeres buscan ocupar espacios en los que puedan expresar y desarrollar su **conocimiento religioso y filosófico**, ya sea como maestras espirituales, estudiosas de los textos sagrados o líderes comunitarias en ceremonias religiosas. La figura de las rishikas se ha convertido en un **símbolo** de la capacidad de las mujeres para retomar su lugar en la esfera espiritual, no como subordinadas, sino como **autoridades** en sus propios términos.

Mujeres en los movimientos de espiritualidad moderna: Devoción a Sarasvati y Ushas

En los movimientos de **espiritualidad moderna** en la India y en la diáspora, la devoción a figuras femeninas de la tradición védica, como **Sarasvati** y **Ushas**, ha tomado un nuevo significado. Estas deidades no solo mantienen su relevancia en el hinduismo contemporáneo, sino que también se han convertido en símbolos de **empoderamiento**, **creatividad** y **renovación espiritual**. Los movimientos devocionales modernos han reinterpretado su significado, conectando a las mujeres con los valores de **sabiduría**, **creación** y **esperanza**, que estas diosas representan, y promoviendo su culto como una vía para el crecimiento personal y colectivo.

Sarasvati, la diosa del conocimiento, la sabiduría y las artes, ha adquirido una posición central en los movimientos de espiritualidad moderna, especialmente entre aquellos que valoran el papel de la **educación** y el **conocimiento creativo** como vías para el empoderamiento femenino. En una época en la que la educación ha sido reconocida como un **derecho fundamental** para las mujeres, Sarasvati se ha convertido en un **símbolo de la capacidad intelectual femenina** y de la importancia de la búsqueda de la sabiduría en la vida espiritual. Su figura inspira a muchas mujeres a dedicarse al **aprendizaje**, la **enseñanza** y el **desarrollo artístico**, lo que refleja cómo la tradición védica se ha adaptado a los desafíos contemporáneos.

El culto a Sarasvati es particularmente importante en el contexto del **Vasant Panchami**, un festival que se celebra en toda la India y que está dedicado a esta deidad. Durante este festival, los estudiantes, profesores, músicos y artistas honran a Sarasvati para pedirle su bendición en sus esfuerzos intelectuales y creativos. Las mujeres, en particular, han abrazado este festival como una oportunidad para celebrar su **capacidad de aprendizaje** y su **creatividad**, lo que subraya cómo Sarasvati ha pasado de ser una deidad védica asociada con la palabra sagrada (**Vak**) a convertirse en una figura que empodera a las mujeres modernas a través del conocimiento y la educación. Sarasvati, en este sentido, es vista como una **fuente de inspiración** que encarna el poder transformador del conocimiento, capaz de superar las barreras sociales y abrir nuevos horizontes para las mujeres.

En el contexto de la **educación femenina** en la India, Sarasvati ha sido adoptada como un símbolo por muchos movimientos e instituciones que promueven la **alfabetización** y la **educación de las niñas y mujeres**. Estas iniciativas a menudo invocan a Sarasvati como una deidad protectora que facilita el acceso al conocimiento y la sabiduría, con la idea de que, al empoderar a las mujeres a través de la educación, se está honrando el poder espiritual de Sarasvati. Así, la devoción a esta diosa no solo es una expresión de fe, sino también un **acto de resistencia** y **reafirmación** del derecho de las mujeres a participar plenamente en la vida intelectual y espiritual de la sociedad.

Ushas, la diosa védica del amanecer, también ha resurgido en los movimientos espirituales modernos, aunque su culto es menos prominente que el de Sarasvati. En los Vedas, Ushas es el símbolo de la **renovación diaria**, de la luz que disipa la oscuridad y trae esperanza y nuevos comienzos. Esta metáfora del amanecer ha sido reinterpretada en el contexto moderno como un **símbolo de transformación personal y espiritual**. Los movimientos de espiritualidad que se centran en el **despertar de la conciencia** y en el **crecimiento interior** encuentran en Ushas una figura ideal, ya que su presencia anuncia la **luz de la conciencia** y el **renacimiento**.

En muchos **retiros espirituales** y prácticas de meditación moderna, Ushas es invocada al amanecer como una representación de la claridad y la renovación espiritual. Su culto ha sido adoptado por comunidades espirituales que buscan la

iluminación interna y el **despertar personal**. En estos contextos, Ushas se ha convertido en un símbolo de **esperanza y renovación**, especialmente para las mujeres que buscan superar desafíos personales y transformar sus vidas. En este sentido, la devoción a Ushas no solo es un acto de fe, sino también un **compromiso con el crecimiento personal** y la **autoexploración**.

Además, Ushas también ha sido adoptada en movimientos que promueven el **cuidado de la salud mental** y el bienestar emocional, donde su conexión con el amanecer simboliza el **renacer espiritual** tras la superación de la adversidad. La devoción a Ushas en estos movimientos subraya la importancia de la **transformación constante** y el **despertar a nuevas oportunidades**, lo que la convierte en una deidad relevante para quienes buscan la renovación tanto física como espiritual.

El simbolismo de Ushas ha resonado en movimientos que se enfocan en la idea de **comenzar de nuevo**. Las mujeres, en particular, han adoptado a Ushas como una diosa que inspira a dejar atrás el pasado y enfrentar el futuro con valentía y optimismo. En muchos círculos espirituales modernos, Ushas es vista como un **arquetipo del renacimiento femenino**, donde el amanecer representa el poder de la mujer para **reinventarse** y superar las limitaciones impuestas por la sociedad o por las experiencias pasadas.

A través de estos movimientos de espiritualidad moderna, tanto Sarasvati como Ushas han pasado a representar más que las simples figuras védicas de sabiduría y amanecer: se han convertido en **símbolos universales** del **poder femenino** para generar conocimiento, transformación y renacimiento. En este sentido, su culto no solo refuerza el valor de la **devoción religiosa**, sino que también proporciona una **plataforma** para la reflexión personal y el **empoderamiento** espiritual.

El papel de las mujeres en la práctica religiosa hindú hoy en día

En el **hinduismo contemporáneo**, las mujeres desempeñan un papel central en la **práctica religiosa**, tanto en el ámbito doméstico como en el público, y su participación activa ha sido un pilar fundamental para mantener vivas las tradiciones religiosas y espirituales. A lo largo de los siglos, la devoción femenina ha sido uno de los motores de la continuidad del hinduismo, y en la actualidad, las mujeres siguen ocupando posiciones clave en la realización de rituales, en la transmisión de valores religiosos y en la revitalización de la espiritualidad en las comunidades.

Uno de los aspectos más visibles del rol de las mujeres en la práctica religiosa es su función como **guardianas del dharma en el hogar**. El hogar es considerado un microcosmos del universo en la tradición hindú, y las mujeres, como líderes espirituales dentro del ámbito doméstico, aseguran la continuidad de los rituales cotidianos, que son esenciales para el mantenimiento del **rta** (orden cósmico). A través de los **pujas** (actos devocionales), las **oraciones diarias**, y el cuidado de los altares domésticos, las mujeres mantienen viva la conexión con lo divino y facilitan la **transmisión de valores religiosos** a las generaciones más jóvenes.

El **puja doméstico** es un ejemplo claro de cómo las mujeres se han convertido en el centro de la vida espiritual de la familia. En estos rituales, las mujeres preparan ofrendas, encienden lámparas y recitan mantras para invocar la protección y las bendiciones de las deidades. Estas ceremonias pueden ser simples, realizadas diariamente, o más elaboradas en ocasiones festivas, pero en ambos casos, la participación de las mujeres es vista como indispensable para asegurar que el hogar esté bajo el **amparo divino**. Las mujeres actúan como **sacerdotisas del hogar**, facilitando la interacción entre lo humano y lo divino y asegurando que el **dharma familiar** sea mantenido a través de los rituales.

En festivales como **Diwali**, **Navaratri**, o **Karva Chauth**, el rol de las mujeres es especialmente prominente. Durante **Navaratri**, por ejemplo, se rinde culto a las diferentes formas de la **diosa**

Durga, y las mujeres no solo participan en las danzas y rituales, sino que también lideran las celebraciones en muchos hogares, organizando los **pujas** y realizando los **ayunos** que son parte integral de las festividades. Estos festivales no solo celebran las deidades femeninas, sino que también refuerzan el poder espiritual de las mujeres como devotas y facilitadoras del **poder divino femenino** (Shakti).

La devoción a las **diosas** es otra área donde las mujeres han desempeñado un rol importante en el hinduismo contemporáneo. En particular, el culto a deidades como **Lakshmi**, **Parvati**, **Sarasvati** y **Durga** está profundamente ligado a la vida cotidiana de las mujeres. Estas diosas representan la **prosperidad**, el **conocimiento**, la **protección** y la **energía cósmica**, valores fundamentales en la tradición hindú, y las mujeres las veneran no solo para obtener bendiciones, sino también como **modelos de poder femenino**. En este sentido, la relación entre las mujeres y las diosas es una **dinámica de empoderamiento**: las devotas ven en estas deidades no solo seres a los que adorar, sino también **arquetipos** que inspiran su vida espiritual y material.

Además de su papel en los rituales domésticos y los festivales, las mujeres también han asumido un rol más visible en la **vida religiosa pública**. Aunque históricamente, los **sacerdotes** en los templos han sido principalmente hombres, en la actualidad, cada vez más mujeres están asumiendo funciones como **gurus** (maestras espirituales), **sadhvis** (monjas) y **líderes de comunidades religiosas**. En este contexto, las mujeres no solo guían a sus seguidores en los ritos y ceremonias, sino que también enseñan sobre la **filosofía hindú**, el **yoga** y la **meditación**, asumiendo roles que antes estaban restringidos a los hombres.

Este cambio ha sido impulsado, en parte, por el crecimiento de **movimientos espirituales modernos**, como los liderados por figuras prominentes como **Mata Amritanandamayi** (Amma), **Sri Anandamayi Ma**, y **Sadhvi Bhagawati Saraswati**, quienes han ganado reconocimiento global como maestras espirituales y líderes de grandes comunidades devocionales. Estas mujeres han inspirado a millones de personas, tanto en India como en el extranjero, a seguir un camino de devoción, compasión y autoexploración espiritual. En sus enseñanzas y actividades, promueven un **hinduismo inclusivo**, donde las mujeres tienen un papel central en la práctica religiosa y en la **diseminación de valores espirituales**.

En paralelo, las **iniciativas de empoderamiento religioso** dirigidas por mujeres están ganando terreno. En algunos casos, las mujeres han comenzado a desempeñar funciones rituales tradicionalmente reservadas para los hombres, como oficiar ceremonias en templos o realizar **yajñas** (sacrificios de fuego) en eventos públicos. Este cambio refleja una tendencia más amplia hacia la **igualdad de género** en la vida religiosa hindú, un movimiento que ha sido impulsado tanto por los cambios sociales como por la reinterpretación de las escrituras a la luz de las necesidades contemporáneas.

También es importante mencionar que las mujeres han sido claves en la **preservación y transmisión de las tradiciones orales** y los textos religiosos a lo largo de los siglos. Las madres y abuelas han sido las primeras en enseñar a las nuevas generaciones sobre los mitos, las historias de las deidades y las prácticas religiosas. Este papel de **transmisoras de la tradición** es fundamental, ya que las mujeres aseguran que los conocimientos religiosos y culturales se mantengan vivos en el ámbito familiar y que se pasen a las futuras generaciones, con el fin de preservar el **legado espiritual** del hinduismo.

Reflexión sobre el legado espiritual de las mujeres védicas en la India moderna

El **legado espiritual de las mujeres védicas** continúa resonando profundamente en la India moderna, donde sus contribuciones siguen siendo fuentes de **inspiración**, **empoderamiento** y

renovación espiritual. Las figuras femeninas que emergen de los textos védicos—desde las diosas hasta las **rishikas** (sabias)—han sido reinterpretadas y celebradas en diversos contextos culturales y religiosos, influyendo tanto en el **hinduismo contemporáneo** como en los movimientos de **espiritualidad moderna**. Este legado es un testimonio de cómo las mujeres han desempeñado un rol crucial en la preservación, transmisión y adaptación del conocimiento espiritual a lo largo de los siglos.

Las **diosas védicas**—como **Sarasvati**, **Aditi**, **Ushas** y **Prithvi**—representan poderosos arquetipos que siguen siendo relevantes en la actualidad. Estas figuras divinas no solo simbolizan aspectos universales de la **sabiduría**, la **creación** y la **fertilidad**, sino que también reflejan la **naturaleza multidimensional** del poder femenino en la espiritualidad hindú. En la India moderna, la devoción a estas deidades no ha disminuido, sino que ha crecido y se ha expandido en nuevas formas, siendo adoptada por movimientos que buscan empoderar a las mujeres a través de la conexión con lo divino. La reverencia por estas diosas ha permitido a muchas mujeres ver sus propios roles como madres, educadoras y líderes espirituales bajo una luz nueva y dignificante.

Sarasvati, en particular, ha sido un pilar de este legado. Originalmente asociada con la **sabiduría** y la **palabra sagrada** en los Vedas, hoy Sarasvati es una de las deidades más veneradas en el ámbito educativo y artístico. El culto a Sarasvati, especialmente durante festividades como **Vasant Panchami**, ha inspirado a generaciones de mujeres a ver el **conocimiento y la creatividad** como vías hacia la autorrealización y el empoderamiento. Sarasvati se ha convertido en un símbolo del **poder intelectual femenino**, reforzando la idea de que las mujeres tienen una conexión natural con la búsqueda del conocimiento y la sabiduría. Su legado resuena en la creciente participación de las mujeres en la educación y las artes, áreas en las que ahora lideran y transforman profundamente.

Por otro lado, la **renovación del culto a Ushas**, diosa del amanecer y la renovación, ha alimentado los movimientos espirituales que buscan la **transformación personal** y el **renacimiento espiritual**. En la India moderna, Ushas ha sido adoptada como un símbolo de **esperanza** y **nuevos comienzos**, lo que refleja el deseo de muchas mujeres de superar barreras y desafíos, tanto sociales como personales. La devoción a Ushas resuena con la búsqueda contemporánea de **autocrecimiento** y **liberación interna**, donde la espiritualidad se convierte en un camino hacia la superación personal y el renacimiento. A través de su culto, las mujeres encuentran una fuente de **fortaleza** para enfrentar las dificultades y renovarse espiritualmente.

Además, las **rishikas** védicas, como **Lopamudra**, **Ghosha** y **Vak Ambhrini**, han sido redescubiertas y celebradas como precursoras del **empoderamiento femenino** en la esfera espiritual. Estas mujeres sabias, que componían himnos y participaban en diálogos filosóficos profundos, representan una **herencia intelectual** que había sido marginada en las tradiciones religiosas patriarcales posteriores. En la India moderna, los movimientos feministas y espirituales han rescatado el legado de estas mujeres como ejemplos de **igualdad intelectual** y **capacidad espiritual femenina**, lo que ha permitido a las mujeres contemporáneas reclamar su lugar en la vida religiosa y filosófica. Las rishikas no solo desafían los estereotipos históricos sobre la subordinación femenina, sino que también ofrecen una **visión alternativa** donde las mujeres son vistas como **creadoras de conocimiento** y **líderes espirituales**.

El legado de las mujeres védicas también ha influido en la manera en que las mujeres participan en los **rituales y festivales**. En la India actual, muchas mujeres no solo lideran los rituales domésticos, sino que también han asumido roles prominentes en los templos y en la realización de **yajñas** (sacrificios de fuego), desafiando las restricciones tradicionales. En algunos casos, las mujeres han comenzado a oficiar ceremonias públicas, un rol que históricamente estaba reservado para los hombres. Este fenómeno refleja una **reinterpretación moderna** de las prácticas religiosas védicas, donde el poder espiritual femenino es reconocido y valorado en todos los niveles de la vida religiosa.

Además, el legado de las mujeres védicas ha alimentado un creciente interés por la **igualdad de género** en las instituciones religiosas y educativas de la India. Las enseñanzas de figuras como **Sarasvati**, que promueven la educación y la sabiduría, han sido un motor para la expansión de programas educativos destinados a mujeres, particularmente en áreas rurales. Estas iniciativas buscan no solo proporcionar educación académica, sino también **educación espiritual**, fortaleciendo el papel de las mujeres como guardianas y transmisoras del dharma. El legado védico de las mujeres como **educadoras** y **líderes espirituales** sigue siendo una inspiración para las generaciones actuales que buscan reimaginar el papel de las mujeres en la sociedad.

En resumen, el **legado espiritual de las mujeres védicas** ha tenido un impacto profundo y duradero en la India moderna. Desde las diosas veneradas hasta las rishikas que desafiaron las normas, estas figuras continúan inspirando a las mujeres contemporáneas a reclamar su poder espiritual, intelectual y social. Las mujeres védicas no solo dejaron un legado de sabiduría y devoción, sino también una base para la **renovación espiritual** y el **empoderamiento** en el presente. A medida que la India avanza en su evolución espiritual y social, las enseñanzas y ejemplos de las mujeres védicas seguirán siendo una fuente poderosa de **inspiración y transformación**, reafirmando la **conexión entre lo divino y lo femenino** en el hinduismo moderno.

CAPÍTULO 6: LA EVOLUCIÓN DEL ROL DE LA MUJER EN LA SOCIEDAD VÉDICA Y POST-VÉDICA

De las rishikas a las figuras femeninas en la literatura posterior

En la sociedad védica, las mujeres ocupaban un lugar significativo en el ámbito espiritual y social, como lo demuestran las rishikas, sabias y poetas que contribuyeron al corpus literario y filosófico de los Vedas. Estas mujeres no solo participaban activamente en los rituales y sacrificios, sino que también componían himnos, participaban en diálogos filosóficos y eran reconocidas por su sabiduría y devoción. Las rishikas, como Lopamudra, Vak Ambhrini y Ghosha, son ejemplos de mujeres que desafiaron las barreras tradicionales de género en su época y alcanzaron un alto estatus espiritual e intelectual.

En los **Vedas**, las mujeres no eran vistas simplemente como acompañantes pasivas, sino como participantes activas en la vida religiosa y filosófica. La **tradición oral** védica revela que las mujeres no solo podían ser educadas en los himnos védicos, sino que también tenían la capacidad de oficiar rituales en el ámbito doméstico y en ciertas ceremonias públicas. La figura de la mujer, especialmente en su rol como **esposa y madre**, era crucial para la preservación del dharma (el orden cósmico y moral), pero esto no limitaba su acceso a los roles de liderazgo espiritual.

Sin embargo, a medida que la literatura hindú evolucionó más allá del período védico hacia la época de los **Dharmashastras** y los **Puranas**, la posición de las mujeres en la sociedad comenzó a cambiar. Las figuras femeninas que antes se destacaban por su sabiduría y autonomía espiritual fueron gradualmente relegadas a roles más subordinados en los textos posteriores. Los Puranas y los **épicos** como el **Mahabharata** y el **Ramayana**, aunque incluyen figuras femeninas poderosas como **Savitri**, **Draupadi** y **Sita**, tienden a presentar un ideal de la mujer más centrado en la **devoción conyugal** y el sacrificio por la familia.

Este cambio se refleja también en la **literatura normativa**, como los **Dharmashastras**, donde las leyes y normas sociales se volvieron más restrictivas para las mujeres. A diferencia de las **rishikas** del período védico, las mujeres de la literatura post-védica a menudo se representan como **dependientes de sus esposos o padres**, con un acceso limitado a la vida religiosa y filosófica. Aunque algunas mujeres seguían siendo respetadas por su devoción y sabiduría, el énfasis en la **castidad**, la **sumisión** y el **sacrificio** marital comenzó a eclipsar las ideas anteriores de autonomía espiritual.

En la literatura post-védica, la función de la mujer como portadora del dharma familiar se mantuvo esencial, pero su **papel público** se redujo considerablemente. Las mujeres ya no eran vistas como agentes activos en la creación de conocimiento religioso, sino como guardianas del **honor familiar** a través de su comportamiento moral y su capacidad para asegurar la continuidad del linaje familiar. Este cambio marcó una transición importante en la **evolución del rol de las mujeres** en la tradición hindú, donde el poder espiritual de las mujeres seguía siendo valorado, pero dentro de un marco más restringido y orientado hacia el ámbito doméstico.

Un ejemplo notable de esta transición es la forma en que los personajes femeninos en los textos post-védicos a menudo se destacan más por su **lealtad** y **devoción a sus maridos** que por su autonomía intelectual. Aunque figuras como **Sita** y **Draupadi** son admiradas por su fuerza y sabiduría, sus historias enfatizan el **sacrificio** personal y el **deber conyugal** como sus principales virtudes. Este contraste con las rishikas védicas subraya el **cambio ideológico** que ocurrió a lo largo del tiempo, donde el enfoque pasó de la **autonomía espiritual femenina** a un ideal de devoción conyugal y sacrificio familiar.

El impacto de las leyes de Manu en las mujeres védicas

La transición de la sociedad védica a la **post-védica** no solo trajo consigo cambios en la representación de las mujeres en la literatura, sino también en su **estatus social y espiritual**, particularmente con la aparición de los **Dharmashastras**, y especialmente las **Leyes de Manu (Manu Smriti)**. Este texto legal, que se convirtió en uno de los principales códigos de conducta en la sociedad hindú post-védica, tuvo un profundo impacto en la vida de las mujeres, restringiendo considerablemente su papel y libertad en comparación con las mujeres de la era védica.

En el **periodo védico**, las mujeres disfrutaban de una mayor **autonomía** y acceso a la **educación** y la **vida espiritual**. Como ya se mencionó, las **rishikas** eran sabias védicas que componían himnos, participaban en debates filosóficos y realizaban sacrificios. Aunque había normas sociales que distinguían los roles de hombres y mujeres, las mujeres no estaban excluidas de la búsqueda del conocimiento o del liderazgo espiritual.

Con la introducción de las **Leyes de Manu**, el papel de las mujeres en la sociedad comenzó a sufrir una **regulación más estricta**. Este texto consolidó muchas de las restricciones sobre las mujeres que se volvieron prominentes en la sociedad hindú post-védica, codificando las reglas sobre su comportamiento, derechos y responsabilidades. En contraste con el espíritu más igualitario de la sociedad védica, donde las mujeres podían recibir educación védica y participar activamente en los rituales, las Leyes de Manu **limitaban el acceso de las mujeres al conocimiento sagrado**, restringiendo su rol principalmente al ámbito doméstico y a la obediencia conyugal.

Uno de los principios más destacados en las Leyes de Manu es la insistencia en la **dependencia constante** de las mujeres a lo largo de su vida. El texto declara que una mujer debe estar bajo la tutela de su padre durante la juventud, de su esposo después del matrimonio, y de sus hijos en la vejez, consolidando una visión en la que la **autonomía femenina** era prácticamente inexistente. Este cambio contrasta con la representación de mujeres independientes en los textos védicos, como las rishikas, quienes eran capaces de desarrollar una vida espiritual sin depender de figuras masculinas para legitimar su sabiduría o participación en los rituales.

Las Leyes de Manu también introducen la idea de la **castidad** y el **deber conyugal** como las virtudes más elevadas de una mujer, colocando un énfasis significativo en la subordinación de las mujeres a sus esposos. La **pativrata**, o devoción absoluta al esposo, se convirtió en la piedra angular del comportamiento femenino ideal. Esta virtud fue idealizada a través de figuras como **Savitri**, quien desafió incluso a Yama, el dios de la muerte, para salvar a su esposo. Aunque estas figuras representan la fortaleza y la devoción, el énfasis en la **lealtad conyugal** marcó un claro contraste con el ideal védico, en el cual las mujeres también podían ser valoradas por su sabiduría y contribuciones filosóficas.

Otro aspecto importante de las Leyes de Manu es la **prohibición** de que las mujeres reciten los **mantras védicos** o participen directamente en la **realización de yajñas** (sacrificios de fuego), actividades que habían sido parte de la vida espiritual de las mujeres en la sociedad védica. Mientras que en el periodo védico las mujeres podían tener un rol activo en los rituales, en la sociedad regulada por el Manu Smriti, las mujeres fueron excluidas de estas prácticas centrales, relegadas principalmente a la esfera doméstica y los rituales familiares.

Además, el **matrimonio** y la **maternidad** se convirtieron en los principales roles sociales de las mujeres bajo las Leyes de Manu, lo que limitó aún más su participación en la vida intelectual y pública. Mientras que en el periodo védico las mujeres podían ejercer su independencia y participar en actividades más allá del hogar, las normativas de Manu consolidaron la idea de que el **deber femenino** era principalmente con la familia, en especial con el esposo y los hijos. La maternidad, si bien seguía siendo venerada como un rol sagrado, se entrelazó con una visión más **restrictiva** de la vida femenina, en la que las mujeres ya no eran vistas como agentes independientes del dharma.

El impacto de las Leyes de Manu también se extendió a la cuestión de los **derechos legales** de las mujeres. En el periodo védico, si bien existían distinciones de género, las mujeres disfrutaban de ciertos derechos relacionados con la propiedad y el estatus social. Bajo las Leyes de Manu, estos derechos fueron limitados, y las mujeres quedaron subordinadas a las decisiones de los hombres de su familia, tanto en cuestiones legales como económicas. Esto reflejó un cambio hacia una estructura social más **patriarcal**, donde la voz y la agencia de las mujeres en la esfera pública y familiar quedaron significativamente restringidas.

A pesar de estas limitaciones impuestas por las Leyes de Manu, es importante destacar que las mujeres no dejaron de jugar un papel crucial en la vida espiritual y religiosa. A nivel doméstico, las mujeres seguían siendo responsables de **mantener el dharma familiar**, realizar pujas y preservar las tradiciones religiosas a través de la educación de sus hijos. En muchos casos, las mujeres siguieron siendo respetadas por su **sabiduría espiritual** y su **devoción**, pero el alcance de su participación en la vida pública y en los rituales se había reducido notablemente en comparación con el periodo védico.

En resumen, las **Leyes de Manu** consolidaron una visión más restrictiva del **rol de las mujeres** en la sociedad hindú, limitando su participación en la vida espiritual, filosófica y pública. Las mujeres pasaron de ser figuras activas y respetadas en la sociedad védica, con acceso a la educación y la participación en los rituales, a ser principalmente definidas por su rol conyugal y doméstico. Aunque las mujeres continuaron siendo esenciales para la preservación del dharma en la familia, su **autonomía y estatus social** se vieron significativamente reducidos bajo las normativas de Manu, marcando un cambio profundo en la evolución del rol de la mujer en la sociedad post-védica.

Comparación del rol de la mujer en la sociedad védica y la sociedad post-védica

La evolución del **rol de la mujer** desde la sociedad **védica** hasta la **post-védica** refleja cambios significativos en términos de derechos, responsabilidades y participación en la vida religiosa y social. Mientras que las mujeres de la sociedad védica gozaban de mayor **autonomía** y un acceso relativamente libre a la **educación** y la **espiritualidad**, la transición hacia la sociedad post-védica estuvo marcada por una **regresión** en términos de **libertades** y **estatus social**. La creciente influencia de los **Dharmashastras** —particularmente las **Leyes de Manu**—trajo consigo nuevas restricciones que relegaron a las mujeres a roles más subordinados, centrados principalmente en el ámbito doméstico y el **deber conyugal**.

En la **sociedad védica**, las mujeres desempeñaban un papel activo en el ámbito religioso y filosófico. Las **rishikas**, o sabias védicas, como **Lopamudra**, **Vak Ambhrini** y **Ghosha**, son ejemplos de mujeres que no solo participaban en los sacrificios y rituales, sino que también componían himnos y eran reconocidas por su sabiduría y habilidades filosóficas. Estas mujeres disfrutaban de **educación védica**, y su participación en los rituales y debates religiosos indicaba una relativa **igualdad espiritual** entre los géneros. Las rishikas mostraban que las mujeres podían ser líderes espirituales, y que su rol no se limitaba únicamente al hogar.

Además, en la sociedad védica, las mujeres también tenían cierto grado de **libertad económica** y legal, al menos en comparación con la sociedad post-védica. Aunque las normas sociales y religiosas imponían ciertas diferencias de género, las mujeres podían participar en el **sistema educativo**, tomar decisiones sobre su propio bienestar, e incluso ejercer cierta autoridad en los rituales familiares. El concepto de **complementariedad** entre hombres y mujeres en el ámbito espiritual y doméstico permitía una mayor participación de las mujeres en la **vida pública y religiosa**.

En contraste, en la **sociedad post-védica**, especialmente a medida que se desarrollaron los **Dharmashastras** y otros textos legales como el **Manu Smriti**, las mujeres fueron **excluidas** de muchos de los roles que habían ocupado en la era védica. Uno de los cambios más visibles fue la **prohibición de la educación védica** para las mujeres, que anteriormente habían podido estudiar y recitar los himnos védicos. En la sociedad post-védica, las mujeres fueron relegadas a un rol más pasivo en los rituales, limitándose principalmente a los **deberes domésticos** y a la **devoción conyugal**.

El ideal femenino en la sociedad post-védica se centró en la **pativrata**, es decir, la devoción total al esposo, lo que redujo considerablemente el espacio para la **autonomía espiritual** e intelectual que las rishikas habían disfrutado. Las mujeres, en lugar de ser vistas como sabias o líderes espirituales, fueron valoradas principalmente por su capacidad de cumplir con el

deber conyugal y garantizar la continuidad del linaje familiar. La **castidad** y la **fidelidad** se convirtieron en las virtudes femeninas más exaltadas, lo que reforzó una estructura patriarcal en la que la mujer debía depender del padre, el esposo o los hijos para tomar decisiones importantes en su vida.

En cuanto al **derecho y la autonomía legal**, la sociedad post-védica también vio una regresión significativa. Las **Leyes de Manu** impusieron normas estrictas que subordinaban a las mujeres a la autoridad de los hombres de su familia. Las mujeres no podían heredar propiedades de manera equitativa, ni participar en decisiones legales o políticas en la misma medida que los hombres. La **vida pública** de las mujeres fue drásticamente reducida, con énfasis en su rol como **esposas** y **madres** dentro del hogar. Si bien el **matrimonio** y la **maternidad** siempre habían sido importantes en la sociedad védica, su rol espiritual y social se vio mucho más **limitado** en el periodo post-védico, donde las leyes patriarcales y las normas de conducta moral dominaron la estructura social.

Otro cambio fundamental en la sociedad post-védica fue la creciente **ritualización del comportamiento femenino**. Las mujeres, que antes participaban activamente en los sacrificios, fueron excluidas de muchas de las prácticas rituales más importantes. Las normas estipuladas por los **Dharmashastras** prohibieron a las mujeres recitar los **mantras védicos** y las mantuvieron alejadas de la **realización de yajñas** (sacrificios de fuego), que pasaron a ser dominio exclusivo de los hombres. Si bien las mujeres continuaban participando en los **rituales domésticos** y mantenían el fuego sagrado en sus hogares, su **rol público** en la religión quedó significativamente disminuido.

A pesar de esta regresión, las mujeres en la sociedad post-védica continuaron jugando un papel importante como **guardianas del dharma** dentro de sus hogares. Ellas eran las responsables de enseñar a sus hijos las **tradiciones religiosas**, realizar pujas (rituales devocionales) y mantener el **orden moral y espiritual** de la familia. Este papel, aunque confinado al ámbito doméstico, seguía siendo fundamental para la **preservación de la espiritualidad** y las tradiciones hindúes, asegurando que las enseñanzas religiosas se transmitieran a las futuras generaciones.

En conclusión, la comparación entre el **rol de la mujer en la sociedad védica** y el de la **sociedad post-védica** muestra una clara transformación. Mientras que en la sociedad védica las mujeres tenían un acceso más amplio a la educación, la espiritualidad y la vida pública, en la sociedad post-védica su rol fue **restringido** por normas patriarcales impuestas por textos como las **Leyes de Manu**. Aunque las mujeres continuaron desempeñando un papel esencial en la **preservación del dharma** en sus hogares, su autonomía espiritual y social se redujo significativamente en comparación con el periodo védico.

¿Cómo ha cambiado el estatus social y espiritual de las mujeres a lo largo del tiempo?

El **estatus social y espiritual de las mujeres** en la tradición hindú ha experimentado una transformación profunda a lo largo de los siglos, desde los tiempos **védicos** hasta la era **post-védica** y más allá. Este proceso de cambio refleja la evolución de las normas sociales y religiosas, y cómo las expectativas de género han sido moldeadas por factores como la interpretación de los textos sagrados, la influencia de los códigos legales y las dinámicas culturales. A través de este recorrido, las mujeres han pasado de tener un rol **proactivo** en la vida espiritual y pública, a estar más limitadas en su participación, hasta los esfuerzos modernos por **recuperar** su espacio y derechos dentro de la sociedad religiosa.

Durante el periodo **védico**, las mujeres tenían un estatus relativamente **igualitario** en muchas esferas de la vida, especialmente en el ámbito espiritual. Como se ha mencionado, las **rishikas** (sabias védicas) como **Vak Ambhrini, Lopamudra** y **Ghosha** participaban activamente en la creación de himnos védicos, recitaban los **mantras sagrados** y eran respetadas por su conocimiento espiritual y filosófico. Las mujeres tenían acceso a la **educación védica**, participaban en debates religiosos y, en algunos casos, incluso realizaban sacrificios. El rol de las mujeres en la preservación y transmisión del **dharma** en este periodo era fundamental, y su estatus espiritual estaba mucho más cerca del de los hombres.

En la **sociedad védica**, la mujer también disfrutaba de una mayor **libertad social**. Podía elegir su cónyuge en ciertos contextos, como en los **swayamvaras** (ceremonias donde la mujer elige a su esposo entre varios pretendientes), y tenía derechos de herencia en algunas circunstancias. La imagen de la mujer en este periodo era la de una figura **complementaria** al hombre, pero con acceso a roles importantes tanto en la esfera doméstica como en la religiosa.

Sin embargo, con la llegada de la **era post-védica**, el estatus social y espiritual de las mujeres comenzó a cambiar, especialmente con la codificación de las **Leyes de Manu** y otros **Dharmashastras**. Estos textos legales impusieron normas sociales más **restrictivas**, limitando el acceso de las mujeres a la educación y a los rituales públicos. Las mujeres fueron excluidas de la recitación de los **Vedas**, una práctica que antes les estaba permitida, y se las relegó al rol de **esposas y madres**, con un énfasis creciente en la **pativrata**, o devoción absoluta al esposo. La sociedad post-védica consolidó una estructura más **patriarcal**, donde las mujeres eran vistas como dependientes de los hombres en todas las etapas de su vida: primero bajo la tutela de su padre, luego de su esposo y, finalmente, de sus hijos.

En este periodo, el **rol espiritual** de las mujeres también fue redefinido. Si bien seguían siendo consideradas guardianas del dharma en el hogar y mantenían una posición central en los **rituales domésticos**, su participación en la vida religiosa pública se redujo drásticamente. Las mujeres ya no podían oficiar sacrificios ni recitar los mantras védicos, y su vida espiritual se limitó al **cuidado del hogar** y a la **devoción conyugal**. Aunque seguían siendo veneradas como **madres y esposas**, su capacidad de actuar como líderes espirituales y filosóficas fue restringida.

A lo largo de los siglos, el estatus de las mujeres continuó evolucionando, y en algunos periodos, especialmente durante la **era medieval** en la India, las restricciones sobre las mujeres se intensificaron aún más. La **educación femenina** quedó casi exclusivamente limitada a la formación en los deberes domésticos, y las mujeres fueron en gran medida excluidas de los templos y de la vida pública. Este periodo también vio el surgimiento de prácticas sociales como el **sati** (la inmolación de la viuda en la pira funeraria de su esposo) y el **purdah** (reclusión de las mujeres), que reflejaban una visión aún más conservadora de su rol y estatus en la sociedad.

Sin embargo, a partir del **siglo XIX**, con la influencia del **movimiento de reforma hindú** y la llegada de ideas occidentales sobre los **derechos de las mujeres**, comenzó a surgir una **nueva conciencia** sobre el papel de las mujeres en la sociedad india. Reformadores como **Raja Ram Mohan Roy** y **Swami Vivekananda** abogaron por la **educación femenina** y el fin de prácticas opresivas como el sati. Este renacimiento social y religioso buscaba reconectar con el legado de las mujeres védicas y su participación en la vida espiritual, argumentando que el **hinduismo** original no era inherentemente patriarcal y que las restricciones posteriores eran una **distorsión** de los principios espirituales de igualdad.

En la **India moderna**, el estatus de las mujeres ha seguido evolucionando, en parte gracias a estos esfuerzos de reforma. Aunque todavía existen desafíos y desigualdades, las mujeres han ganado más **derechos legales**, incluido el acceso a la educación, el trabajo y la participación en la vida pública y política. En el ámbito espiritual, cada vez más mujeres están asumiendo roles de liderazgo religioso, actuando como **gurus, maestras espirituales y activistas religiosas**. Ejemplos contemporáneos como **Mata Amritanandamayi** (Amma) y **Sadhvi Bhagawati Saraswati** han inspirado a millones de personas, demostrando que las mujeres pueden ser **líderes espirituales** de gran influencia.

Además, ha habido un **renacimiento de las figuras femeninas védicas** en el hinduismo moderno, donde las diosas como **Sarasvati**, **Durga** y **Lakshmi** son celebradas no solo como deidades, sino como arquetipos del **poder femenino**. Este enfoque en el **Shakti**, o poder divino femenino, ha permitido una **revalorización del papel espiritual de las mujeres** en el hinduismo, subrayando que el poder espiritual no está limitado por el género.

En resumen, el **estatus social y espiritual de las mujeres** ha cambiado significativamente a lo largo del tiempo, pasando de una **relativa autonomía** en el periodo védico, a una posición más **subordinada** en la era post-védica, y finalmente a una **resurgencia** en la era moderna. Aunque las mujeres enfrentaron siglos de restricciones, hoy en día están reclamando su lugar en la vida espiritual y social, conectando con un legado védico más inclusivo que reconoce su capacidad para **liderar**, **educar** y **transformar** la sociedad a través de su **poder espiritual**.

CONCLUSIÓN

*Resumen del rol esencial de las
mujeres en la tradición védica*

El rol de las mujeres en la tradición védica fue fundamental tanto en el ámbito espiritual como en el social. A través de su participación en los rituales, su contribución a la sabiduría védica y su papel en la preservación del dharma, las mujeres védicas ocuparon un lugar de gran importancia en la estructura religiosa de su tiempo. Las rishikas, como Lopamudra, Vak Ambhrini y Ghosha, fueron sabias y poetas que demostraron que las mujeres podían participar activamente en la vida filosófica y religiosa, componiendo himnos sagrados y participando en debates sobre la naturaleza de la realidad y el orden cósmico (rta). Su presencia en la tradición védica no solo subraya la importancia de las mujeres como creadoras de conocimiento, sino también su capacidad para influir en el curso espiritual de sus comunidades.

Además de las rishikas, las mujeres en el ámbito **doméstico** desempeñaron un papel crucial como guardianas del dharma familiar, realizando rituales diarios y transmitiendo las tradiciones religiosas a las futuras generaciones. Este rol espiritual en el hogar era tan significativo como su contribución a la vida pública. A lo largo de los textos védicos, las mujeres son representadas no solo como **madres** y **esposas**, sino también como intermediarias esenciales entre lo humano y lo divino, encargadas de asegurar que el equilibrio cósmico se mantuviera a través de sus acciones y devoción.

La trascendencia del simbolismo femenino en el pensamiento védico

El **simbolismo femenino** en el pensamiento védico es profundamente **trascendental**, representando aspectos esenciales de la creación, la renovación y la fertilidad cósmica. Las **diosas védicas**—como **Sarasvati**, diosa del conocimiento, **Prithvi**, la diosa de la tierra, y **Ushas**, la diosa del amanecer—no solo personifican la fertilidad y la prosperidad, sino también el poder creativo del cosmos. Estas deidades reflejan una visión del **poder femenino** como una fuerza indispensable para la **sustentación del universo** y el **mantenimiento del rta**, el orden cósmico que rige todas las cosas. La **shakti**, o energía femenina divina, es el principio activo que da vida al mundo y lo sostiene, lo que subraya el **poder transformador** inherente a lo femenino en la tradición védica.

La **maternidad**, la **sabiduría** y la **creatividad** son valores centrales asociados con las figuras femeninas en los Vedas. Este simbolismo no solo vincula a las mujeres con la fertilidad biológica, sino también con la capacidad de **nutrir** y **transformar** el mundo espiritual. Las mujeres, a través de su conexión con lo divino, son vistas como **creadoras** y **conservadoras** de la vida y del dharma, roles que les otorgan una **importancia espiritual única** en la cosmología védica. Este enfoque en lo femenino como portador del orden y el equilibrio cósmico destaca el valor que la tradición védica otorga a las mujeres en todos los aspectos de la vida religiosa.

Reflexión sobre la relevancia actual de estas figuras femeninas en la espiritualidad y el

pensamiento contemporáneo

Hoy en día, las figuras femeninas de la tradición védica tienen una relevancia significativa en la **espiritualidad contemporánea**, tanto en la India como en otros contextos globales. El resurgimiento del interés por las **diosas védicas** y las **rishikas** ha llevado a una **revalorización** del poder femenino en la tradición hindú, en un momento en que los movimientos por los **derechos de las mujeres** y el **empoderamiento espiritual** están ganando fuerza. Las diosas védicas, como **Sarasvati** y **Ushas**, no solo siguen siendo veneradas en los templos y hogares, sino que también se han convertido en **símbolos del conocimiento, la creatividad y la renovación**, valores que resuenan en la sociedad moderna.

El **feminismo hindú** y los movimientos de espiritualidad moderna han adoptado a las **rishikas** como modelos de empoderamiento, mostrando que, desde los tiempos más antiguos, las mujeres podían participar activamente en la creación de conocimiento espiritual y filosófico. Este redescubrimiento del legado femenino védico ofrece un marco para cuestionar y **redefinir el papel de las mujeres** en la religión y la sociedad de hoy, promoviendo la idea de que el **poder espiritual** no está limitado por el género y que las mujeres pueden y deben ocupar un lugar **central** en la vida religiosa.

En la **India contemporánea**, el legado de las mujeres védicas sigue vivo a través de la devoción a las diosas, los movimientos de **educación femenina** y el surgimiento de **gurus** y **líderes espirituales** femeninas que inspiran a nuevas generaciones. Esta conexión entre el pasado y el presente subraya la **durabilidad** del simbolismo femenino en el hinduismo y su capacidad para adaptarse a las necesidades y desafíos del mundo moderno. La figura de la mujer, como en los tiempos védicos, sigue siendo una **fuente de poder espiritual y cambio social**, lo que demuestra la **perennidad del pensamiento védico** y su enfoque en el equilibrio entre lo masculino y lo femenino en la creación y el mantenimiento del orden cósmico.

En conclusión, el **rol esencial de las mujeres en la tradición védica**, su simbología en la cosmología hindú y su relevancia en el pensamiento contemporáneo son un recordatorio de la importancia duradera del **poder femenino** en la vida espiritual. Las mujeres, a lo largo de la historia, han sido fundamentales en la preservación del dharma y en la creación de conocimiento sagrado, y hoy en día continúan siendo símbolos de **transformación**, **sabiduría** y **renovación espiritual**.

APÉNDICES

Glosario de términos sánscritos

1. **Rishika**: Sabia o poeta femenina en la tradición védica. Las rishikas compusieron himnos védicos y participaron activamente en los rituales religiosos.
2. **Shakti**: Energía divina femenina, considerada la fuerza creativa y dinámica del universo. Se manifiesta a través de las diosas y es esencial en el equilibrio cósmico.
3. **Pativrata**: Concepto que se refiere a la devoción absoluta de una esposa hacia su esposo, considerado un ideal femenino en la tradición hindú.
4. **Rta**: Orden cósmico y moral que rige el universo en la tradición védica. El mantenimiento de rta es crucial para la estabilidad del cosmos.
5. **Yajña**: Sacrificio de fuego védico en el que se ofrecen diversos elementos a los dioses para mantener el orden cósmico. Las mujeres participaban activamente en estos rituales en la época védica.
6. **Dharmashastra**: Textos legales y normativos hindúes que regulan el comportamiento social y religioso. Las Leyes de Manu son un ejemplo clave.
7. **Swayamvara**: Ceremonia en la que una mujer elige a su esposo de entre un grupo de pretendientes, una práctica descrita en textos antiguos.
8. **Agnihotra**: Ritual de fuego doméstico que se realiza al amanecer y al anochecer. Las mujeres desempeñaban un papel importante en la preparación y mantenimiento del fuego sagrado.
9. **Upanayana**: Ritual de iniciación védica en el que un

joven recibe el cordón sagrado y comienza su educación en los Vedas. Las mujeres participaron en algunos de estos ritos en el periodo védico.

10.   **Puja**: Acto devocional en el que se hacen ofrendas a una deidad, generalmente realizado en el hogar o en los templos. Las mujeres juegan un rol central en estos rituales.

Textos de referencia: Himnos védicos clave relacionados con las mujeres y las diosas

1. Himno a Vak Ambhrini (Rig Veda 10.125)

- **Traducción**: "Yo soy la Reina, la reunidora de tesoros, la más sabia entre los sabios. Los dioses me colocan en muchas moradas, y a través de mí, el universo se expande. Yo hablo lo que ha sido y lo que será, pues soy la palabra sagrada."

- **Comentario**: Este himno atribuido a la rishika Vak Ambhrini personifica el poder de la palabra sagrada (**Vak**), que es esencial para la creación y el orden cósmico. Vak representa el poder de la **sabiduría femenina** como una fuerza creadora que da forma al mundo.

2. Diálogo entre Lopamudra y Agastya (Rig Veda 1.179)

- **Traducción**: "Lopamudra, la esposa del sabio Agastya, le habla con sabiduría sobre el equilibrio entre la vida ascética y los deberes del hogar, buscando armonía entre los dos caminos. Ambos dialogan sobre la importancia de la devoción conyugal y el dharma."

- **Comentario**: Este diálogo es un ejemplo clave de la **autonomía intelectual** de Lopamudra, quien participa activamente en la discusión filosófica con su esposo. Refleja la importancia del diálogo y la **igualdad espiritual** en la vida védica.

3. Himno a Sarasvati (Rig Veda 6.61)

- **Traducción**: "Sarasvati, poderosa en sabiduría, guía nuestros pensamientos hacia la verdad. Ella, que es rica en agua y conocimiento, nos otorga la sabiduría sagrada. A ella ofrezco mis oraciones, la que sostiene nuestra inteligencia."

- o **Comentario**: Sarasvati es venerada como la diosa del conocimiento, la palabra y la creatividad. En este himno, se la describe como la fuente de inspiración intelectual y espiritual, cuyo poder sostiene el conocimiento en el universo.

4. **Himno a Aditi (Rig Veda 1.89)**

- o **Traducción**: "Aditi es el cielo, Aditi es la tierra, Aditi es la madre de los dioses. Aditi es todo lo que ha nacido y todo lo que nacerá. A ella ofrecemos nuestro sacrificio, pues ella sostiene el orden de los mundos."

- o **Comentario**: Aditi es la diosa madre en la tradición védica, personificación del **principio cósmico** de la infinitud y la libertad. Este himno subraya su rol como protectora del cosmos y madre de los dioses, destacando el poder **creador** y **nutritivo** de las mujeres en el orden cósmico.

5. **Himno a Ushas (Rig Veda 1.48)**

- o **Traducción**: "Ushas, brillante en su juventud, despunta con su luz radiante. Ella ilumina el cielo y la tierra, despierta a todos los seres vivos. Alabamos a la que trae la luz y renueva el mundo con su amanecer."

- o **Comentario**: Ushas, la diosa del amanecer, es el símbolo de la **renovación** y el **renacimiento**. Este himno celebra su papel en la **creación diaria**, donde su luz disipa la oscuridad y renueva el mundo cada mañana.

Bibliografía: Fuentes primarias y secundarias para profundizar en el estudio de las mujeres en la tradición védica

1. **Rig Veda** – Traducciones y comentarios de los himnos que mencionan a las rishikas y las diosas. Ediciones como las de Ralph T.H. Griffith y Wendy Doniger son recursos clave.

2. **Manu Smriti (Leyes de Manu)** – Texto legal que regula el comportamiento social y religioso de las mujeres en la sociedad post-védica. Edición comentada por Patrick Olivelle es fundamental para comprender el impacto de este código en la vida de las mujeres.

3. **The Position of Women in Hindu Civilization: From Prehistoric Times to the Present Day** – Libro de A.S. Altekar que ofrece una visión exhaustiva sobre la evolución del rol de las mujeres en la sociedad hindú, desde la época védica hasta la moderna.

4. **Women in the Vedic Age** – Obra de R.C. Majumdar que explora el estatus de las mujeres durante el periodo védico, con análisis detallado de las rishikas y su papel en la tradición espiritual.

5. **Hymns of the Rigveda** – Traducción y comentario de los himnos del Rig Veda, incluidos aquellos relacionados con las mujeres y las diosas. Una fuente clave para estudiar el rol de las mujeres en los textos sagrados.

6. **Women, Androgynes, and Other Mythical Beasts** – Obra de Wendy Doniger que examina las representaciones de género en la mitología hindú y cómo las mujeres han sido retratadas en los textos antiguos.

7. **The Rig Veda: An Anthology of 108 Hymns** – Selección de himnos védicos con traducciones y comentarios, que incluye los himnos dedicados a las diosas y las rishikas.